VIA PODIENSIS

RAINER SCHULZ

VIA PODIENSIS

PILGERN
ZWISCHEN
CONQUES
UND MOISSAC

24 kleine Reiseerzählungen
aus Frankreichs Südwesten

Impressum:
Text und Gestaltung: Rainer Schulz © München 2009
Leicht veränderte Neuauflage: © Neuendettelsau 2024
Titelfoto: Jürgen Blum 2009
Herstellung und Verlag: BoD – Books on Demand, Norderstedt
ISBN: 9783759 759856

VORWORT

In diesem Pilgerbuch versammelt sich eine Reihe kleiner Reiseerzählungen. Ein wenig Träumerei, Märchen oder Fabel hier, ein wenig Feuilleton, lyrische Prosa oder historischer Exkurs da – so meditieren sich 24 Pilger-Momente durch Frankreichs Südwesten, zwischen Conques und Moissac, entlang der uralten »Via Podiensis«.

Für die großzügig zur Verfügung gestellten Bilder gilt ein herzlicher Dank den Pilgerbrüdern Jürgen Blum, Matthias Jokisch und Jürgen Nitz.

Rainer Schulz

INHALT

CONQUES

Bild 1: Conques, Basilika Sainte Foy (JN)

1 | Fides — Die Getreue

Welche Schuld traf sie? Hatte Gott eingegriffen, als man das kleine Mädchen zum Tod durch Verbrennen verurteilte? Sie war nur zwölf Jahre alt gewesen.

Die Gedanken an jenes Kind ließen den Wallfahrer nicht los, während er versuchte, seinen Schritt in einen ordentlichen Rhythmus zu bringen. Unaufmerksam stolperte er, stieß sich heftig an einem Stein und versuchte, den Schmerz zu beherrschen – mit mäßigem Erfolg. Der Tag war noch zu jung, und der Körper wollte sich dem Exerzitium des Gehens noch nicht fügen.

Gott habe unverhofft schweren Regen geschickt, so hieß es, und damit Feuer und Glut gelöscht. So sei das Mädchen vor dem Verbrennen auf glühendem Rost bewahrt worden. Doch schien die Macht des Höchsten begrenzt gewesen zu sein, denn nun wurde die kleine Fides geköpft, und Gott vermochte es nicht zu verhindern – oder wollte es nicht. Erst danach nahm er sich des Opfers von neuem an, sandte zwei Tauben aus und ließ den vom Leib getrennten Kopf davontragen.

Langsam kroch der Wallfahrer den Bergwald hinauf. Auf halber Höhe blickte er versonnen zurück: Tief unten lag das mittelalterlich malerische Conques.

Dorthin also sollten die Tauben den Kopf der Heiligen Fides getragen haben? »Lauter Legenden«, dachte er und schüttelte die schauerlichen Überlieferungen um den Märtyrertod der kleinen Fides ab. Keuchend und schwitzend arbeitete er sich zwischen den wilden Kastanien nach oben und konzentrierte sich auf das Ziel seiner Pilgerfahrt. Doch immer wieder holte ihn die Vergangenheit ein. Ihm war, als habe er sich in ein gewaltiges Geschichtsbuch verirrt; alles auf diesem Weg atmete Geschichte und Geschichten.

Er stellte sich das Weinen und Rufen des Mädchens vor, ihre verzweifelten Eltern, angesehene Patrizier im gut 200 km entfernten südfranzösischen Agen; oder Datius, Prokonsul Aquitaniens, bis aufs Äußerste gehorsam gegenüber seinem Kaiser Maximinian, so gehorsam, dass er sogar den Tod eines Kindes verfügte. Gut 1700 Jahre lag das alles zurück, und doch schien es nun ganz nahe zu sein. Seltsam aber blieb, dass jenes Kind sich nicht hatte einschüchtern lassen, dass es sich dem kaiserlichen Tribunal gegenüber fest zu Christus bekannt und jeder Verehrung anderer Gottheiten widerstanden haben soll. Nur zehn Jahre später wäre dem Mädchen nichts geschehen – da wurde der Glaube an Christus Staatsreligion, und die Verfolgungen hatten ein Ende.

Der Tod der kleinen Fides und das vermutete Grab des Jakobus im galizischen Santiago de Compostela – beinahe zur selben Zeit brachen Wellen der Verehrung dieser zwei Zeugen des Glaubens los. Im Jakobsweg verbanden sich beide miteinander. Wie Jakobus seine große Kirche in Santiago de Compostela erhielt, so weihte man der Heiligen Fides die Basilika

11

»Sainte Foy« zu Conques. Hagiographen, Künstler und Pilger nahmen sich der beiden an und sorgten dafür, dass sie nicht in Vergessenheit gerieten.

Der Wanderer hatte die ersten Strapazen des heutigen Pilgerweges hinter sich und den Rand des nun unter ihm liegenden steilen Tales erreicht. Die kleine Fides ließ er zurück, dort im tiefen Schlund – nicht ganz allerdings; denn ab und an kehrte die Erinnerung an sie zurück, wenn hier eine Taube aufflog oder dort ein Dorfkind am Straßenrand spielte.

Bild 2: Conques, Basilika Sainte Foy (MJ)

2 | »Eia, ultra!«

War dieses Tal ein alles in den Abgrund ziehender Schlund? Oder eine wunderbare Blüte, die sich zum Himmel öffnete? Symbol einer Mördergrube? Oder eine Muschel, in deren Mitte eine wunderschöne, leuchtende Perle lag?

Vor über 800 Jahren hat sich die hoch aufragende Abteikirche Sainte Foy zu Conques tief unten im Grund der atemberaubenden, kraterartigen Schlucht eingewurzelt. Hier kümmerten sich liebevolle Ordensleute mit viel Hingabe um das Wohl der Jakobspilger, die in großen Scharen auf ihrem langen Weg nach Santiago de Compostela vorbeikamen. Ihr Ziel lag 1.200 Kilometer entfernt, jenseits der Pyrenäen im galizischen Santiago de Compostela. Doch in Conques wurden sie mit einer überwältigenden Gastfreundschaft empfangen, die ihnen nicht nur Unterkunft und Speise bot, sondern auch geistliche Zuwendung und Zeit zum Aufatmen, zum Durchatmen, zum Gebet und zur Meditation.

Der hohe Raum der Abteikirche öffnet sich den herbeiströmenden Wallfahrern in einer beeindruckenden und zugleich schlichten Weise. Er umhüllt die nach Spiritualität hungernden Menschen mit dem warmen Farbton seiner Steine und dem verhaltenen Leuchten der 104 von Pierre Soulages gestalteten Glasfenster. 1994 fertiggestellt, wurden sie zu einem wahren Hingucker. Die in ferne Höhen strebenden Pfeiler der Emporenbasilika strecken sich gen Himmel, und sie ziehen den Blick und die Sehnsucht der in sich gekehrten Pilger mit sich nach oben.

Die meisten von ihnen bleiben lange und fügen sich willig ein in die Stundengebete der Mönche. Sie lassen sich segnen, stärken sich singend, hörend, schauend, staunend.

Die Kulturbeflisseneren draußen vor der Kirche erschaudern, wenn sie die Botschaft des Tympanons am Westportal betrachten. Seit Jahrhunderten sind hier die beeindruckenden Darstellungen des Jüngsten Gerichts zu bewundern. Sie zeugen von den überwältigenden Fertigkeiten romanischer Künstler und Bildhauer. So vereinen sich deren Werk und Botschaft immer wieder mit dem entschlossen gesungenen »Ultreya!«, was so viel heißt wie »Auf geht's!«. – oder auf Latein: »Eia, ultra!« –: »Los, vorwärts!« »Auf nach Santiago!« – ein Ruf, der die Pilger weiterführt und ihnen zugleich hier, in Conques, ein Stück Einkehr und Ruhe auf ihrem langen Weg schenkt.

Der Refrain des mittlerweile weit verbreiteten, mehrstrophigen Liedes greift zurück auf den »Codex Calixtinus«, eine aus der Mitte des 12. Jahrhunderts stammende Handschrift, benannt nach Papst Calixtus II. (1119–1124). Diese enthält ein »Buch des heiligen Jakobus«, welches seinerseits ein flämisches Pilgerlied zitiert – vielleicht das älteste Pilgerlied überhaupt –, bekannt unter dem lateinischen Titel »Dum pater familias« oder auch »Canto de Ultreya«:

»Herru Sanctiagu / Gott Sanctiagu / E Ultreia, e suseia / Deus aia nos«, also etwa: »Herr Jakobus / gütiger Jakobus, / los und vorwärts, / Gott helfe uns!«

Santiago de Compostela war und ist das Ziel im fernen Spanien, und es war und ist die Entschlossenheit der Pilger, woraus Conques, Station am Jakobsweg, immer neu Kraft und Bedeutung erhielt und erhält: Schlund, Schlucht, Krater und Ort des Gedenkens an ein zu Tode gemartertes Kind haben sich darüber geöffnet und entfaltet wie eine wundersame Blüte, deren Duft, Schönheit und spirituelle Kraft sich nach allen Richtungen verbreitet, hinaus über den Rand des tiefen Tals in die weiten Wälder und Landzüge der wildromantischen »Midi-Pyrénées«. So bleibt die Sehnsucht nach »Santiago« wach und bleiben die Pilger in Bewegung – eine Bewegung aus der Tiefe in die Höhe, vom Irdischen zum Himmlischen, vom Äußeren ins Innere, vom Lärm in die Stille, vom Unwesentlichen zum Wesentlichen.

3 | PORTE DE LA VINZELLE: TORHEITEN

»Ich bin ein Tor, aber dumm bin ich nicht!«, murmelte das Stadttor den Pilgern zu, die es durchschritten, um endlich hinauszukommen ins weite Land, ins Flusstal des Lot, nach Figeac und Cahors.

»Ich bin ein Tor, aber dumm bin ich nicht!« Nichts war überflüssiger als diese Bemerkung, denn ganz im Gegenteil durfte sich das kleine Stadttor der Bewunderung aller erfreuen, die seiner ansichtig wurden und es lobten seiner Festigkeit, seines Alters und seiner Schönheit wegen.

Das Tor aber fühlte anders. Während sich in seinem Umkreis ständig Menschen bewegten, sich von hier nach dort begaben, es durchquerten, hinausgingen und hinein, stand das Tor da und wagte sich keinen Deut zu rühren. Es kam sich steif und gezwungen vor, geradezu versteinert, und dies so sehr, dass es nicht einmal im Ansatz seiner Empörung Ausdruck zu verleihen vermocht hatte, als man es eines Tages ungefragt mit einer Torstube überbaute und seitdem immerzu irgendjemand über ihm hauste, das Torstubenfenster aufriss und wieder schloss und so tat, als sei das darunter stehende Tor ein dummes Nichts, ein Niemand, eine Null.

»Ich bin ein Tor, aber dumm bin ich nicht!«, wiederholte das Tor ein drittes Mal.

»Sei endlich still!«, rief da der Weg zu ihm hinauf. »Sieh mich an: Auf mir trampelt man herum, während dir kein Leid geschieht! Du unzufriedener Tor!«

»Es heißt: Du unzufrieden*es* Tor!«, entgegnete das Tor und setzte eine grammatikalische Miene auf.

»So kann man sich täuschen«, erwiderte der Weg spitz. »In deinem Fall scheinen *das* Tor und *der* Tor beinahe perfekt ineinander übergegangen zu sein.«

»Wie meinst du das?«, fragte das Tor den Weg. Dieser aber schwieg, denn der nächste Pilgeransturm stand bevor. Schon von weitem konnte man das Geräusch der Stiefel und das Klacken und Stechen der Wanderstecken hören. Nervös zitterte der Weg, und furchtsam versuchte er sich davonzuwinden — vergeblich.

Das Tor aber grübelte lange den Worten des Weges nach. »Bin ich dumm?«, fragte es sich immer wieder.

Dann endlich rief es dem Weg zu: »Inwieweit ich mich für dumm zu halten habe, sei dahingestellt. Aber sollte ich es wirklich sein, so hat dies nichts damit zu tun, dass ich ein Tor bin — *das* Tor!«, ergänzte es betont und in herausfordernder Erwartung einer Antwort. Doch der Weg, mittlerweile in einen erschöpften Albschlaf versunken, hörte es nicht mehr.

Das ehrwürdige, alte Stadttor aber gab sich nun bis in die hereinbrechende Nacht den seltsamsten Gedankengängen hin:

»Wer oder was bin ich? Was macht mein Wesen zuinnerst aus? Was sind Urgrund und Ziel meines Seins?«, und so weiter und so fort.

Derlei Fragen hatte es immer wieder einmal auch von diesem oder jenem eilig dahinziehenden Pilger gehört, und wie bei manchen von ihnen, so blieb auch bei ihm — dem Himmel sei Dank — ein gewisser Grad an Erleuchtung nicht aus:

»Neutral bin ich, unbestechlich, klar und objektiv!«, resümierte das Stadttor selbstbewusst. »Du törichter Weg aber weißt nichts von der Noblesse einer neutral gestalteten Gesinnung, windest dich wie ein feiger Hilfssoldat unter dem Angriff des Feindes am Boden, und nichts anderes fällt dir ein als kindisch aufzuheulen, wenn fromme Pilgerscharen über dich wegziehen! Du Tor!«

Ein neuartiges Gefühl von Dominanz stieg in ihm auf, und in einem Anflug von Seligkeit ließ es sein Mauerwerk leise knirschen.

Als aber das Fenster über ihm auf- und zuschlug, kam das Tor zu sich, nahm wie gewohnt Haltung an, untersagte sich — jedenfalls fürs erste — jeden weiteren emotionalen Ausfall und besann sich auf das grammatikalisch verbürgte Existential seiner Neutralität.

DECAZEVILLE

1 | MOREAU & DECAZES

In dem liebevoll geführten Familienbetrieb der Herberge »Les volets bleus« lag ein Fotoband aus. Jede Menge geologische Informationen! Für pilgernde Gäste eine Möglichkeit, sich ein näheres Bild davon zu machen, was hier im Inneren der Erde verborgen lag und wonach man im »Becken von Decazeville« über hundert Jahre lang gegraben hatte: Kohle!

Längst aber waren die Minen aufgegeben, trotz heftigen und langen Widerstands der Bevölkerung. Tausende verloren ihre Arbeit, und die alten Kohlegruben gerieten zum Gegenstand historischer Präsentationen und Bücher. Ein geologisches Museum und der Verein zur Wahrung des industriellen Erbes dieser Gegend kümmerten sich darum, die große Bergwerk-Vergangenheit von Decazeville vor dem Vergessen zu bewahren. Man sorgte auch dafür, dass die Überreste der verlassenen Minenbecken besichtigt werden konnten, so sich denn Touristen fänden, denen daran gelegen sein würde.

Der Pilger in der Herberge kaute an seinem Abendbrot und goss ein wenig Wein ins Glas. Seine Gedanken hingen für eine ganze Weile jener traumatischen Katastrophe nach: Abertausende arbeitslos!?

»Wir laufen hier durch und wissen von nichts«, murmelte er in sich hinein. »Es müsste so etwas wie einen Pilgerpfad der sozialen

Aufmerksamkeit geben, einen Reiseführer der humanitären Anteilnahme.«

Unbekümmert und fröhlich lachten, plauderten und scherzten die Wallfahrer, die sich zum Abendessen um den langen Tisch versammelt hatten.

»Wir laufen hier durch und wissen von nichts«, dachte er noch einmal und sah der Familie zu, die ihre Gästeschar so munter, schnell, zuvorkommend und freundlich bediente. Da arbeiteten nicht nur die Eltern; auch die Kinder halfen mit. Nur so ging es. Und so bescheiden die meisten Pilger auch immer auftreten mochten: Hunger hatten sie doch, duschen wollten sie doch, gut schlafen wollten sie doch, Wäsche waschen wollten sie doch, versorgt werden zur rechten Zeit wollten sie doch.

Decazeville: ein Ort irgendwo zwischen Toulouse und Montpellier im Süden und zwischen Clermont Ferrand und Brive im Norden. Läge er nicht am Pilgerweg, hätte man ihn samt seinen »Decazevillois«, den knapp 7000 Einwohnern, beinahe übersehen können, wenngleich – immerhin aufregend für Kunstfreunde – der Maler Gustave Moreau 1862/63 seine Spuren in den 14 Kreuzwegstationen der örtlichen Kirche Notre-Dame hinterlassen hatte. Moreau beschenkte im Laufe seines 72 Jahre währenden Lebens die Welt der Kunst mit fantastischen, traumhaften, mythenerfüllten, ahnungsvoll erregten, empfindsamen und gedankenreichen Bildern. Wie aber geriet er ausgerechnet nach Decazeville? Erst spät wurde öffentlich, dass er den bis dahin so gut wie unbekannten Kreuzweg in aller Stille gemalt und ihn gegen geringes Geld unsigniert einem gewissen Elie Cabrol überlassen hatte – dieser, ein Amateur in Sachen Kunst, war aus Decazeville nach Paris angereist, hatte sich unter den dort lebenden jungen Künstlern nach einem umgesehen, der ihm die neue Kirche von Decazeville ausschmücken könnte, und traf auf Moreau.

Hervorgegangen aus der industriellen Revolution des 19. Jahrhunderts, verbindet sich Decazeville zugleich mit der Erinnerung an die machtvollen Epochen von Adel und Noblesse: Im Ortsnamen verbirgt sich der königstreue Élie duc Decazes, einst Jurist, Richter, Polizei- und Innenminister. Seine politische Karriere endete mit der tröstlichen Erhebung zum Herzog und einem Ehrenexil als Botschafter in England. 1860 starb er. 34 Jahre zuvor aber hatte er die Gründung einer »Gesellschaft zur Entwicklung der Kohle- und Stahlproduktion« erreicht; in einer Geste der Dankbarkeit verlieh sich der daraus hervorgegangene Industriestandort drei Jahre später den Namen Decazeville.

»Wir laufen hier durch und wissen von nichts – aber so ist es immer. Was ist schon Besonderes daran?« Gemächlich beendete der Jakobspilger seine Mahlzeit, um sich alsbald aus dem Netz seiner Gedanken zu befreien und den fröhlich feiernden Menschen am Tisch zuzuwenden. Beinahe hörbar dachte er plötzlich: »Man soll die Feste feiern wie sie fallen.« Als er sich aber eine Weile später des langen Weges entsann, der am nächsten Tag bewältigt sein wollte, ging er gehorsam schlafen, und die Nacht deckte den vergangenen Tag unter sich zu.

2 | DER KLEINE STEIN

Bild 3: Kreuz mit Steinen am Pilgerweg (MJ)

Der kleine Kiesel versuchte sich unauffällig aus der Hand des Pilgers zu Boden fallen zu lassen. Doch war der Spalt zwischen Daumen und gekrümmten Fingern zu schmal. Er schaffte es nicht hinaus.

Wie lange hatte er ruhig und ungestört am Boden liegen dürfen, sich gewärmt an der Sonne und gekühlt am Tau des grauenden Morgens! Wie viele waren an ihm vorübergegangen, links und rechts oder über ihn hinweg! Wunderbar war das gewesen, und Jahrmillionen hätte es so weitergehen können! Aber nun?

Der Wanderer trug ihn ein paar Schritte weiter und wandte sich dann dem Wegrand zu. Er blieb stehen und schaute andächtig auf das eiserne Kreuz, das dort auf einem halbhohen, säulenartigen Podest stand. Leise bewegte er die Lippen. Der kleine Stein verstand nicht, was dort über ihm gewispert und geflüstert wurde. Er selbst gab keinen Ton von sich. Das konnte er gut; schweigen lag ihm sehr. Aber so leise er auch war: Keine Silbe des flüsternd betenden Mannes vermochte er zu erhaschen.

Dann kam Bewegung auf. Der Pilger streckte den Arm aus hin zum Kreuz, öffnete die Hand und ließ den Stein sanft am Fuße des Kreuzes auf das steinerne Podest rollen. Er zog Hand und Arm zurück, schaute zum Himmel und bekreuzigte sich.

»Ich denk an dich«,

sagte er nun laut, deutlich vernehmbar.

Der Kieselstein dachte, der Pilger meinte ihn, und fühlte zu seiner eigenen Überraschung eine gewisse Rührung in sich aufsteigen.

»Beruhige dich«,

murmelten da wie aus einem Mund mehrere kleinere und größere Steine, die um ihn herum, zum Teil aufeinander gehäuft dalagen.

»Was tun wir hier?«,

fragte der kleine Kiesel zurück. Doch keiner antwortete.

Der Stein sah sich um. Über ihm ragte das Metallkreuz in den blauen Himmel. Es war reichlich verrostet und hatte gewiss schon bessere Tage gesehen. Aber die einst kunstvollen Verzierungen waren noch deutlich zu erkennen.

»Warum antwortet ihr nicht?«,

bedrängte der Stein die anderen.

»Bald wirst du mehr wissen«,

raunten sie kurz und schwiegen.

Es vergingen einige Stunden. Dann näherte sich ein anderer Wallfahrer. Der trug in seiner Hand einen Stein mittlerer Größe. Er blieb vor dem Kreuz am Wegesrand stehen und legte ihn zu den anderen Kieseln und Brocken.

»Guter Gott, hilf mir!«,

betete er dabei in seinem Herzen, wortlos und still.

Der kleine Kiesel erstarrte, denn er vernahm und verstand Gedanken für Gedanken, Wort für Wort, Gefühl für Gefühl genau. Klar und deutlich drang alles an sein Inneres.

Dann hörte er mit einem Mal all die anderen Steine murmeln:

»Ja, Gott, hilf ihm und allen seinen Lieben.«

Betroffen begriff er. Er war zum Auserwählten unter Auserwählten geworden, und es würde fortan seine vornehmste Aufgabe werden, sich erweichen zu lassen von den Nöten und Sorgen, Ängsten und Hoffnungen der Menschen, die hier stehenblieben und beteten.

Da pochte es in ihm, als wäre er ein Herz voller Blut und Leben. Und er rief, zuerst etwas zaghaft, dann lauter und mehrmals:

»Ja, Gott, hilf ihm!«,

und hatte Freude daran und dankte dem Himmel für seinen Platz am Kreuz.

FAYCELLES

Bild 4: Faycèlles – Blick übers Land (MJ)

1 | LANDSCHAFTSBILD

In stiller, selbstvergessener Erhabenheit träumte das mittelalter-
liche Städtchen, auf hohem Felsen erbaut, über dem tiefen, weiten Tal vor sich hin. Die Sonne brannte glühend und heiß und goss
ihr gleißendes Licht über die dicht gedrängte Ansammlung der alten, burgartig dastehenden Häuser. Wie unbewohnt wirkten sie
auf den fernen Betrachter mit ihren zugezogenen, grauen oder
weißen Fensterläden, die aussahen wie verschlossene Augen,
matt und mittagsmüde in dösigen Schlaf versunken.

Unterhalb des langgezogenen, rötlich braunen Felsplateaus stand
der dichte Wald aus alten, hohen Laubbäumen, sacht durchweht
von einem warmen Windzug. Dieser bewegte die Blätter und hob
das Dickicht in ein wechselndes Farbenspiel von Grün zu Grau,
von Silberschwarz zu Blau. Zu seinen Füßen lag ein Wiesengrund,
dessen Grün zahlreiche blühende Pflanzen barg. Die Luft war erfüllt vom Geruch der staubigen Erde, dem Duft von Gras und
Kräutern, und so heiß, als sei der ganze Landstrich in einen mächtigen Backofen geraten.

Eine grau schillernde, schmale Asphaltstraße säumte dieses
große Bild. Alsbald aber schlängelte sie sich davon und führte die
Schritte des Pilgers langsam in die schattigeren Gefilde des Wal-
des. Der schien ungestört vor sich hin zu vegetieren und kaum
den Eindruck zu erwecken, als habe ihn je ein Mensch betreten.

2 | CAZELLES

Etwas unheimlich sahen sie aus, wie zu Stein gewordene Häupter: Stumm, blind und in sich gekehrt ragten sie aus dem Erdreich hervor. Manche trugen hohe, spitze Hüte. Andere wirkten wie geköpft, so dass allein der Hals geblieben war, aus dessen Innerem gleich einem dichten, dunkelgrünen Haarwuschel ein Baum herauswuchs.

Neugierig trat der Pilger näher. Der Vergleich mit einem Kopf erschien ihm angemessen. Sicher nicht zufällig hießen diese seltsamen, auf Weiden und Wiesen errichteten Gebäude früher einmal »Kapitelle« oder – okzitanisch – »Capitelli«. Darin verbarg sich das lateinische Wort »caput«: Kopf.

Mag aber auch sein, dass hier schlicht und einfach eine »casa« stand: ein Haus. Auch von da war der Sprachweg zu »Cazelles« nicht weit, wie die steinernen Rundbauten nun offiziell wohl zu heißen hatten. Die »Capitelli« oder »Cazelles« waren also nichts anderes als Häuschen oder kleine Hütten? Orte, an denen der Schäfer Zuflucht fand, Werkzeuge aufbewahrte, Tieren Schutz gewährte oder ein Junges zur Welt kam? Gut möglich, bewohnte man mancherorts die kleinen Unterkünfte sogar über Jahre hin und versah sie mit Rauchabzug und Fenstern.

Zum Staunen, wie sie erbaut waren: Nichts als Steine waren zu erkennen, kein Mörtel, kein Ton. Ein Stein hielt den anderen, hie und da gestützt durch kleinere Steinkeile. In konischer Wandführung liefen sie nach oben hin zusammen und trugen sich gegenseitig. Manche liefen so spitz zur Mitte, dass sie schließlich ein mützenartiges Dach bildeten.

Bild 5: Cazelle mit Baum im Zentrum (JN)

Steine gab es genügend. Wer Weideland brauchte oder Ackerbau betrieb, holte sie aus der Erde, oder sie kamen von selbst nach oben beim Pflügen. Man lagerte sie am Rande von Wiese oder Acker und schichtete sie auf, sei es zu Begrenzungsmauern oder zu Cazelles. So alt wie die Kultivierung des Landes, so alt war die Geschichte dieser trocken aufeinander geschichteten, steinernen Hüttenköpfe.

»Schade eigentlich«, dachte der Pilger: Sollte es sich hier wirklich nur um rein praktische, technische, landwirtschaftliche Objekte gehandelt haben? Hatte der allererste Eindruck denn so getäuscht? Als er das Haupt der Cazelle erblickt hatte, dieser bizarren Kreatur, deren Riesenleib ins Innere der Erde vergraben schien: Hatte er da etwa nicht dieses gewisse Wispern und Flüstern vernommen, heraufdringend und -drängend aus einer unwirklichen, schattenhaften Unterwelt?

Erwartungsvoll starrte der Pilger die Cazelle an.

Sie sagte nichts. Ihr Mund, geformt zu einer höhlenartigen und dunklen Öffnung, schien wohl einen Laut ausstoßen zu wollen. Doch gelang es ihr nicht. Der erwartete Laut blieb im Inneren stecken, immerzu, in einer nicht endenden Verkrampfung und einem stummen Ringen. Nur das krause Baumhaar ließ hier und da eine Regung erkennen; es war der Wind, der immer wieder mitten hineinfuhr, so als wolle er die unterirdisch lagernden, luftleeren Lungen der Cazelle auffüllen, den Stillstand ihres Atems überwinden und sie zum Sprechen bringen oder zwingen.

Hingegen zeigte das Weideland rundumher mit seinem trockenen, stumpfen Gras nicht den geringsten Hauch einer Rührung. Gleichgültig und ohne Mitleid lag es da.

Die Cazelle schien müde, einsam, allein, hilflos. Schon lange war es her, dass sie Schäfern, Bauern, Tieren oder Maschinen hatte Platz, Schutz und Unterkunft gewähren dürfen. Man hatte sie verlassen, zurückgelassen, blind, alt, stumm, taub.

Oder war sie bereits tot?

Der Pilger ging nah an sie heran. Er spürte nun, dass sie alles andere als leblos war. Beinahe magisch zog sie ihn an. Ein eigenartiges Gefühl beschlich ihn. Er berührte, zögernd erst, dann ein wenig entschlossener, ihre raue Wange – und schrak zusammen. Unvermittelt und in furchterregendem Spuk gab das alte Gemäuer einen finsteren Laut von sich, und tief aus dem Erdreich drangen ein stöhnendes Ächzen, ein weinendes Seufzen, ein erbärmliches Schluchzen. Das zweigige Haar schlug in drohender Geste um sich, als wollte es niedermachen, was immer der Cazelle zu nahekam.

Abrupt erwachte der Pilger aus seinem abwegigen Traum.

»Du musst weiter«, sagte er laut, trat entschieden heraus aus der dumpfen Welt, in die er so unversehens geraten war, und legte eine auffällig rasche, auffällig sportive und eines geistlich erfüllten Pilgers eher unwürdig rasante Gangart ein.

Warum aber so schnell, du Weggenosse Jakobs? So leicht glaubst du dem Zauber der Cazelle zu entkommen? Spürst du nicht, wie sie dir nachsieht mit geschlossenen Augen? Wie sie dich ruft, zungenlos stumm? Warum, sag, warum springst du jetzt so eilends davon, gleich der Gazelle im fernen Afrika auf der Flucht vor dem Maul des Löwen?

Der Pilger aber bekreuzigte sich und jagte davon gen Santiago de Compostcazella.

Cajarc

1 | SAFRAN

Cajarc schien völlig unwichtig zu sein – abgesehen von der hier geborenen Schriftstellerin Francoise Sagan sowie einem Stadtratsmitglied und Landhausbesitzer mit dem unauffälligen Namen Georges Pompidou. Die Tourismusbranche beeilte sich, auf »die Ruhe dieses friedlichen Ortes« hinzuweisen.

Allerdings gab es da noch den »Crocus sativus«, jene Krokus-Art, aus deren violetten Herbstblüten man die süßlich duftenden Stempelfäden herausziehen und danach trocknen musste – so gewann man Safran und also eine einträgliche Geldquelle, vor deren Gewinn jedoch die allermühseligste Handarbeit gesetzt war. Zum Trost der Safranpflanzer in und um Cajarc verkaufte sich das Gewürz grammweise und ungeheuer teuer.

Der Crocus sativus, vermutlich mutiert aus einem Krokus kretischer Herkunft, führte neben dem Umstand, seines innersten Guts beraubt zu werden, das traurige Dasein eines Unfruchtbaren. Sein dreifacher Chromosomensatz ließ Fortpflanzung – wie schmerzlich! – nur durch Knollenteilung zu. Umso tröstlicher, dass einst manch begüterter Römer das Hochzeitslager seiner jungvermählten Tochter mit Safranfäden zu bestreuen pflegte und dabei wohl an den schönen Jüngling Krokos gedacht haben mochte, Sohn des Herkules, unsterblich in die Nymphe Smilax verliebt. Auf Dauer freilich missfiel deren so außerordentlich intensiv gelebtes Liebesverhältnis den Göttern, so dass sie die Nymphe in eine

Eibe – oder war es eine Stechwinde? – und den Jungen in einen Krokus verwandelten.

Das Tourismusgewerbe begann, inmitten der »Ruhe dieses friedlichen Ortes« die »Safran-Hochburg Cajarc« zu entdecken, wunderbar gelegen »im Land des Safrans«. Das so genannte »rote Gold« führte zu praktischen Pauschalangeboten, die den Besuch einer Safran-Pflanzung, die Vorführung der Stempelentfernung und den Genuss eines Safran-Diners umfassten. Zudem konnte der kaufkräftige Konsument Safran, verpackt in »haptisch aufwendig gestalteten, edlen Geschenkverpackungen«, erwerben, sich so »mit einem Hauch von Luxus, Mythologie und Lebensart« umgeben und am »betörenden Aroma der strahlend gelben Farbe« erfreuen. Im Herbst schließlich lud Cajarc zum »Fête du safran«, zum Safran-Fest. Die Pilgerscharen aber pflegten sich lieber mit dem Trinkwasser in der Flasche, einem Apfel und etwas Brot im Rucksack zu begnügen. Weder Sagan noch Safran, weder Pompidou noch Crocus sativus hielten sie auf, wollten sie doch nach Santiago und sonst nichts!

Vielleicht aber, wer weiß, würde der eine oder andere von ihnen draußen im weiten Land unvermutet auf die Nymphe Smilax stoßen? Nachdem sie in eine Eibe oder die herbstliche Stechwinde verwandelt worden war, hatte sie sich womöglich durch eine List befreit und am südwestlichen Rande der Auvergne niedergelassen, um nun an den Ufern des Lot zu sitzen und dort auf einen krokusschönen Jüngling zu warten? Alles schien möglich an diesem Ort. Schon die Bedeutung seines Namens lag im Dunkel der

Geschichte. Hatte Cajarc vielleicht einmal Cajaroco geheißen? Oder provenzalisch Cacaroto, vielleicht auch Cagarocho für Höhle, Hut, Behausung, Hütte? Oder Cajarcus? Oder Cachihardus? Wie auch immer: Was hinter oder in diesem Namen steckte, war untergegangen wie das Leprosen-Spital, welches im 13. Jahrhundert vor den Toren Cajarcs erbaut worden war, Teil einer romanischen Anlage aus Kloster, Kirche und Mühle und Werk des Bischofs Americ d' Hébrard, dort geboren, Sohn einer machtvoll herrschenden Familie. Das Heimweh trieb ihn um auf seinem Bischofssitz im elend weit entfernten portugiesischen Coimbra, und so schenkte er Cajarc in einer Anwandlung von schmerzlicher Zuneigung eine karitative Einrichtung. Doch irgendwann war sein gutes Werk von der Bildfläche verschwunden. Wohin? Die Erde hatte es sich zurückgeholt, Stein für Stein, Balken für Balken, wie so oft in diesem Landstrich, wo man lange allein mit dem baute, was Natur und Ruinen hergaben. Manch verfallender kleiner Bauernhof irgendwo zwischen Acker und Wald erinnert daran: Am Ende geht alles ineinander über.

Doch was immerzu wuchs und gedieh und weiterwuchs und weitergedieh in diesem beständigen Strom und Wandel, das waren die Träume und die Erinnerungen: Träume von Safran und Smilax, von Stechwinden und Nymphen, von Cacaroto und Krokos, von Herkules und Jakobus, von Cajarc und Santiago, von Apfel, Brot und Wasser, von Pilgern und Betern. Wahre Träume, allesamt. Denn Träume lügen nicht.

2 | CHAROLAIS

Neugierde erfasste das cremefarben weiße Kälbchen, und während die gleichfalls cremefarben weiße Mutterkuh ihrem Tagwerk nachging, sich ins Maul zog, was die schon ziemlich abgegraste, dürre Weide noch hergab, ließ sich das Kleine gerne ablenken. Es blickte rosaschnauzig mit erhobenem Köpfchen zur Straße hinüber und vergaß für einen Augenblick das lästige Heer der schwarzen Fliegen, die sich unter seinen Augen versammelt hatten.

Bild 6: Auf der Weide (JN)

Was es sah, glich in keiner Weise dem Bauern, dessen Antlitz und Gestalt dem Kälbchen bestens vertraut waren. Es war ein anderer, der da am Zaun stehengeblieben war und aufmerksam schaute. Auf seinem Rücken trug er einen grellfarbigen Sack, auf dem Kopf ein schlappriges Hütchen, und mit beiden Händen stützte er sich fest auf Stecken und Stab. Das Kalb wäre gerne näher hingelaufen, um ihn genauer anzusehen. Doch wagte es nicht, sich vom großen, warmen Leib der Mutter zu entfernen, die ruhig und gelassen graste und fraß.

Der fremde Gast befreite sich vom Rucksack, stellte ihn am Wegesrand ab und zog ein kleines, silbernes Kästchen heraus. Mit erhobenen Armen hielt er es geradeaus vor sich und peilte Kuh und Kälbchen an. Dann tat es ein leises »Klick«. Das Kästchen verschwand wieder im Rucksack, der Fremde schulterte mit einer geübten Bewegung sein Gepäck und zog davon. Klack-klack-klack entfernte sich das Geräusch seiner munter tanzenden Teleskopstöcke.

Das Kälbchen muhte seine Mutter fragend an: »Wer war denn das?« Die Alte ließ für einige Sekunden von ihrer Arbeit ab: »Ich weiß es nicht genau«, erwiderte sie. »Aber gewöhne dich daran. Noch tausende dieser Art werden vorübergehen und uns betrachten.« »Warum tun sie das?«, fragte das Kälbchen. »Weil wir so schön sind«, antwortete die Kuh, »so weiß und friedlich.« »Aha«, dachte sich das Kälbchen. »Wie wundervoll, dass sie hier herauskommen, nur um zu sehen, wie schön und weiß wir sind.«

Der Pilger, Wochen später, erholt, braungebrannt und selig vor Glück heimgekehrt, betrachtete in nostalgischer Verklärung die mitgebrachten Aufnahmen, darunter auch jene von Kalb und Kuh. »Schön sind sie, das Kälbchen und die Kuh«, dachte er. »So weiß und friedlich.« Was auch hätte es sonst Schöneres geben können in dieser gern so schwarz und friedlos auftretenden Welt?

Später wies ihn ein Bekannter darauf hin, dass jene Kuh und jenes Kälbchen wohl zur Rinderrasse der Charolais gehört haben dürften und überwiegend der Fleischproduktion dienten. »Sie weiden dort, um von uns verspeist zu werden«, sagte er mit herausfordernd-ironischem Unterton. Der Pilger spürte leichten Verdruss in sich aufsteigen, beherrschte sich jedoch und wich still der kleinen Provokation aus.

Tage später begab er sich zum Markt, suchte den Käsestand auf und fragte: »Haben Sie Ziegenkäse – Typ Charolais?« Man hatte – Gottlob, denn das Verspeisen von Charolais-Käse erschien dem sensibel gewordenen Wallfahrer zu diesem Zeitpunkt das Angemessenste, was er tun konnte: einfach angenehmer, ja friedensbewegter als die Vorstellung, jener friedlich-weißen Kuh mit ihrem friedlich-weißen Kälbchen als Rumpsteak oder Filet auf dem Mittagsteller wiederbegegnen zu sollen. Dennoch: Im Lauf der Wochen und Monate verblasste diese Sorge mehr und mehr. Nur einmal noch, sehr kurz, zuckte der Pilger zusammen, als er einer Werbung für Gourmetfleisch begegnete und lesen musste:

»Charolais Entrecôte
Das Steak mit dem typischen Fettauge.
Ein wahrer Genuss mit dem
aromatischen und unverwechselbaren
Charolais-Geschmack.«

LIMOGNE-EN-QUERCY

1 | MARIE

Bild 7: Gite »Les Gloriettes« in Limogne (MJ)

Madame »Marie la Belge« sei Dank. Einst verliebte sich die Tochter belgischer Vorfahren in das Herrenhaus aus dem 16. Jahrhundert, erwarb es umgehend und schuf damit im kleinen Limogne-en-Quercy eine Pilgerherberge.

Madame tritt multilingual auf, spricht Deutsch, Englisch, Französisch, Holländisch, und verbreitet internationales Flair. »Bleiben

Sie noch eine Woche!«, ruft sie beim Frühstück der kauenden Pilgerschar ebenso resolut wie warmherzig zu.

Eine kleine Volkskunstsammlung fromm-romantisch dreinblickender Marienstatuetten, museal aufgestellt im Speiseraum, verweist namentlich auf die Hausherrin. Der eine oder andere Jakobus hat sich daruntergemischt, und die Wände sind geschmückt mit allerlei religiösen, in sympathischster Weise kitschigen Bildnissen, manche versehen mit niederländischen Inschriften oder Untertiteln. Wohin das Auge auch sonst noch schaut, bietet sich ein originelles Sammelsurium schönsten, gemütlichsten Trödels – im Haus und ebenso dahinter und davor: Efeu und Rosen ranken sich im Garten an einem alten Bettgestell empor, das locker am Schuppen lehnt und dem Spaziergang unter hohen, alten Bäumen einen Anflug von Sentimentalität verleiht. Altmodisch geschwungenes Gartenmobiliar träumt in einem kleinen Bambushain vor sich hin. Wie vergessen hängt an einem Nagel neben der Eingangstür zum Eckturm des weiten, ummauerten Anwesens eine kleine Malerpalette.

Wer wollte da nicht länger verweilen, bei einem Glas Wein im abendlichen Garten, herumfaulenzen oder dösen auf bequemen Liegestühlen, träumen von längst verblichenen Zeiten und Vergangenheiten, eingeschrieben in das alte Mauerwerk dieses so überaus idyllischen Landhauses? Der Versuchungen sind viele auf dem Pilgerweg.

Adieu, schönes Haus. Und: Merci, Marie!

2 | DOLMEN

Bild 8: Dolmen (JB)

In einem Waldstück unweit von Limogne liegt unerwartet ein ferner Hauch von Bayern in der Luft:

Man schrieb das Jahr 1800, als in Oberhausen bei Neuburg an der Donau ein österreichischer Reiter tödlich zustach – seine Lanze tötete den französischen Offizier bretonischer Herkunft Théophile Malo Corret, dem Geschlecht derer von »La Tour d'Auvergne« zugehörig. Noch tags zuvor hatte ihn Napoleon mit dem Titel eines »Premier Grenadier de la Republique« ehren lassen.

Nun aber starb er im Alter von nur 57 Jahren. Im bayerischen Oberhausen erinnert noch heute ein der deutsch-französischen Freundschaft gewidmetes La-Tour-Denkmal an jenen Soldaten, dem die Altertumsforschung die Einführung des terminus technicus »Dolmen« verdankt. Denn Théophile war nicht nur den Waffen zugeneigt, sondern hegte auch ein besonderes Interesse für Kultur und Sprache seiner bretonischen Heimat.

Sein früher Tod verhinderte die Fertigstellung eines 45 Sprachen vergleichenden Glossariums sowie eines gallo-keltischen Wörterbuchs. Geblieben aber sind sein – wie man hört: leicht seltsames – Geschichtswerk »Les origines Gauloises« über die Frühzeit der Gallier, und der Begriff der »Dolmen«.

Gerade auch ihrer »Dolmen« wegen ist die Gegend um das kleine, kaum mehr als 800 Einwohner zählende Limogne bekannt. Der bretonische Begriff bedeutet »Steintische«. Dolmen werden, wie in Deutschland die »Hünengräber«, gerne mit dem etwas ungenauen, dafür aber umso hoheitlicher auftretenden Allgemein- und Überbegriff »Megalithkultur« etikettiert. Gemeint ist eine Kultur der »großen Steine«. Meist handelt es sich um aus gigantischen Steinen zusammengefügte Bauwerke, seien es Grabkammern oder auch Opfertische.

Verlässt der Pilger Limogne in Richtung Cahors, so betritt er schon bald einen Wald, in dem ihn ein Wegweiser mit der Aufschrift »Dolmen« vom Pilgerpfad abzubringen und zu einem etwas abseits gelegenen Ort zu führen sucht, der sich dazu eignen mag, Vergänglichkeit, Verfall und Sterblichkeit im Angesicht dessen zu meditieren, was hier von jenen alten Dolmen noch übriggeblieben ist – tief in sich zusammengesunkene Steinaltäre.

Memento mori: Bedenke, dass du sterben musst.

Doch, Gott sei's gedankt, noch geht der »Weg« weiter, und über dem Pilger scheint sonnig und mahnend zugleich das *Carpe diem* des römischen Dichters Horatius Flaccus auf:

> *»Frage nicht,*
> *welches Ende dir die Götter bereiten werden.*
> *Lass zu, was auch immer geschieht.*
> *Die lange Hoffnung schneide zurück.*
> *Carpe diem:*
> *Pflücke, genieße diesen Tag*
> *und schau, wenn's geht, nicht auf den kommenden.«*

CAHORS

Wortsediment um Wortsediment, Begriffsschicht um Begriffs-schicht hatte sich auf-, in- und übereinander gelagert im Lauf der Zeiten. Gerade dort an den Ufern des Lot, sollte sich dereinst eine stolze Stadt erheben: »Cahors«.

Ihre Bewohner, »Cadurciens« genannt, lenken die Aufmerksam-keit des linguistisch Neugierigen auf einen einst hier lebenden keltischen Stamm: die »Cadurques« oder »Cadurci«. Deren Land überfielen die Römer und gründeten in einer Schleife des Lot jene schöne Stadt, vom Fluss auf natürliche Weise hervorragend ge-gen Angriffe geschützt und von ihnen »Divona« genannt. Damit griffen sie schlicht die in vielen keltischen Orts- und Personenna-men enthaltene Stammsilbe »Divo« auf.

Mit dem Rückgang der Macht Roms geriet der Name »Divona« oder auch »Divona Cadurcorum« in Vergessenheit, und die Stadt nannte sich nun schlicht »Cadurca«, heute »Cahors«.

Zugleich steht »Cahors« die Namensvariante »Caurs« gegenüber. Das Ohr des geübten Hörers vernimmt darin den Klang einer gallo-romanischen Sprachtradition, die sich hier in diesem Teil Südfrankreichs sowie im italienischen Piemont und dem spa-nisch-katalonischen Aran-Tal erhalten hat. Diese Sprache des so-genannten »Okzitan«, französisch abgekürzt im Begriff »langue d'oc« = »Sprache des Oc«, gab einer ganzen Landschaft den Na-men, nämlich dem »Languedoc«. Der Name »Okzitanien« oder

»Occitània« beschreibt den entsprechenden Sprachraum; »okzi-tan« ist ein Gelehrtenkunstwort, gebildet aus dem Wörtlein »oc« für »Ja«.

Die hier noch anzutreffende Sprachtradition – das Languedokisch, französisch: Languedocien, okzitanisch: Lengadocian – wird heute von den einen als Dialekt betrachtet, von den anderen, immerhin von rund einer Million Menschen, als eigene Sprache. Deren Pflege und Unterrichtung haben mehrere Akademien übernom-men.

Zurück zu den Cadurci, deutsch gelegentlich auch Kadurker ge-nannt! In ihren Versuchen, sich den von Julius Cäsars Truppen zu Beginn der 50er Jahre vor Christi Geburt durchgeführten Angrif-fen entgegenzustellen, waren sie schließlich besiegt worden. Der besonders Lateinschülern sattsam bekannte Bericht über Cäsars Kriegsführung gegen die Gallier erwähnt in diesem Zusammen-hang den kadurkischen Anführer Lucterius, der den Kampf gegen die eindringende Besatzungsmacht der Römer so lange vorwärts-trieb, bis die Festung Uxellodunum, wohl das heutige Puy d'Issolu im Département Lot, gefallen war. Cäsar ließ zum Zeichen seines Triumphes den widerständigen gallischen Soldaten von Uxellod-unum die Hände abhacken. Mit dieser Greueltat war der Beginn einer neuen Geschichtsepoche gesetzt, zu welcher nicht zuletzt die Gründung von Cahors zählen sollte. In der Stadtbibliothek von Cahors erinnert eine weiße, von einem gewissen Dominique Molknecht 1844 angefertigte Marmorbüste an jenen als außeror-dentlich wagemutig und heldenhaft geltenden Lucterius oder

»Luctère«. Ein originales Monument aus früherer Zeit existiert allerdings nicht.

In späterer Zeit sollte eine andere Gestalt jenen Lucterius in den Hintergrund der Geschichte abdrängen: Stephanus, der Gesteinigte, gerne als erster Märtyrer der Christenheit bezeichnet und der Mittelpunkt von zwei Kapiteln der Apostelgeschichte des Lukas. Jenem Märtyrer weihte man im 13. Jahrhundert eine burgartige, mächtige Kathedrale und verlieh ihr die französische Entsprechung seines Namens: »Saint Etienne«. Stephanus war in jener Zeit zu einer der wichtigsten Heiligenfiguren überhaupt aufgerückt; über 20 Kathedralen weihte man ihm damals allein in Gallien.

Da Cahors zugleich Station am Pilgerweg nach Santiago de Compostela ist, versammeln sich in einem nicht endenden Strom Wallfahrer aus aller Herren Länder auch in dieser Kirche, erhalten ihren Stempel im Pilgerausweis und suchen Ruhe und Erholung in der weiten Halle der Stephanskathedrale. Wohl den wenigsten unter ihnen stehen die Kämpfe der Kelten und Römer vor Augen, die der ihrerseits bekanntlich auch nicht immer gerade friedfertig verlaufenen Christianisierungswelle vorausgegangen waren, die Massaker der römischen Besatzer gegen die einheimische Bevölkerung, der Verlust von Menschenleben, Traditionen, Bräuchen, Wissen und Kulturgütern.

Dass Pilgerweg und Ökonomie gerne ein enges Bündnis eingehen, ist in Cahors besonders augenfällig: Diese Stadt war einmal das bedeutendste Zentrum der südfranzösischen Geldwechsler, zu deren Kundschaft nun gerade auch die Pilger zählten.

In Deutschland früher einmal geläufige Begriffe für aus Cahors angereiste Bankleute erinnerten an diesen Mittelpunkt des Geldhandels. Sie hießen zum Beispiel:

Cahorsiner,
Kavariner,
Kawersiner
oder Kawerschen.

Sediment um Sediment, Schicht um Schicht, Lage um Lage — so kam und kommt eins zum anderen. Cahors ist ein charakteristisches Beispiel für die Präsenz von Geschichte, für das Auf und Ab der Epochen, das Ringen um Macht, den Wechsel und die Begegnung von Weltanschauungen und Kulturen.

Das Letzte aber, was dem Wallfahrer begegnet, wenn er das Wahrzeichen der Stadt, die riesige spätmittelalterliche Brücke »Pont Valentré« überschreitet, um Cahors zu verlassen und weiterzuziehen, ist der Teufel. Sein Auftritt ist spektakulär:

In höchster Höhe klammert sich eine diabolische Skulptur an einen der Brückentürme und erinnert daran, dass mit diesem Versucher besser kein Geschäft zu machen ist.

Zwar hatte ihn einst der Brückenarchitekt, als die Bauzeit schier nicht enden wollte und er deshalb mit dem Teufel einen Pakt eingegangen war, erfolgreich betrügen können. Der aber rächte sich böse und sorgte über lange Zeit hin dafür, dass es den Bauleuten einfach nicht gelingen wollte, den obersten und letzten Stein des Bauwerks einzufügen:

Jedes Mal, wenn sie es versuchten, stieß der Teufel den Stein ins Wasser des tief unten dahinfließenden Flusses – ein Sediment der ganz besonderen Art: diabolisch, dämonisch, böse.

Lascabanes

1 | IM TAL

Schwer lag der Himmel über dem annähernd kreisrunden, einem Vulkankrater ähnlichen Tal. Wolken um Wolken türmten sich darüber, einige von ihnen gewichtigen bleiernen Ballen gleichend, andere leicht und weiß leuchtend, an ihren Rändern faserig zerfetzt durch das ungestüme, ungezügelte Zerren und Ziehen zahlloser Böen, die immer wieder auch das bewegte Meer der Wolken aufrissen, um für eine kürzere oder längere Weile das sonst verborgene Blau des Himmels freizugeben.

Unten am Boden hingegen rührte sich nichts. Keine Bewegung war zu erkennen, weder in den Blättern des Eichenwaldes noch in den von langer Dürre ocker verblichenen Gräsern. Stumm und fahl lag der weiße Weg aus Schotter und Kies da, und eine dumpfe Schwüle hing brütend über ihm.

Irgendwann erschien in all diesem wie in sich selbst versunkenen Stillstand einsam ein schwarzweißer Schmetterling:

Seltsam irr flatterte er vor sich hin.

Sein Flug war alles andere als ein heiteres Dahingleiten, sondern ein eher nervöses, ängstlich ahnungsvolles Suchen nach Weg und Bleibe, bevor sich die mächtigen Wolkenansammlungen endlich entladen und ihr ebenso erlösendes wie unerbittliches Nass hinunterschütten würden.

Der schlingernden Bahn des Schmetterlings nachblickend, ließ den stumm verträumten Betrachter alsbald das unerwartet heftige Schwingen eines Grashalmes, ein jähes Aufwogen der Blätter im Eichengrund und das Aufflattern des eigenen Gewandes aufmerken. Ein plötzlicher Wind hatte sich erhoben wie aus dem Nichts und blies entschieden in die eben noch dahindämmernde Natur hinein.

Die Wolken droben trieben wie wild auseinander, drängten sich eilig an den Rand der Taltiefe, ergaben sich ohne Zaudern dem machtvoll goldenen Aufstrahlen des Sonnenlichts und dem rasch an Raum und Größe gewinnenden himmlischen Blau.

Es schien, als ob zugleich Wiese, Weg und Wald in einem gemeinsamen, befreiten Seufzer aufatmeten und sich selig diesem Blau entgegenstreckten.

Das Tal war nun nicht mehr jenem gleich, welches der Pilger eine Weile zuvor betreten hatte. Nun zeigte es sich ihm in gastfreundlicher, einladender und die Schritte beschwingender Geste.

Der Wanderer sog den auffrischenden Wind tief in seine Lungenflügel. Frohgemut eilte er davon, hinaus aus dem Kreisrund des Wald- und Wiesenkraters, seinem schon nahen Ziel entgegen:

Es war nicht mehr weit bis Lascabanes.

2 | LE NID DES ANGES

Bild 9: Gite »Le Nid des Anges«, Lascabanes (JN)

Die kleine, hochgebaute Pilgerherberge glich einem schlichten, aber schmucken Landschlösschen und war beinahe innig mit der sich anschließenden Kapelle verbunden. Einst hatte hier ein Priester in einer praktischen und unkomplizierten Zuordnung von Bett, Tisch und Altar gelebt und gewirkt. Doch das war schon einige Zeit her; jetzt ging an diesem Ort mit dem charmanten Namen »Le Nid des Anges«: Engelsnest, das Volk der Jakobspilger ein und aus. Das alte, aus hellem Stein gebaute Haus blickte romantisch-sentimental auf die hügelige, grüne, vom liebkosenden Strahlen des Sonnenlichts geadelte Landschaft hinab. Ein noch junges, braunes Kätzchen schmeichelte sich an den warmen Treppenstufen der Kirche entlang; hin und wieder legte es sich schmusend und schnurrend in die freudig geöffneten Hände der eintreffenden Pilger. Die umfingen, streichelten und verwöhnten es liebevoll.

Still warf die Kapelle einen wissenden Seitenblick auf das andachtsvoll muntere Treiben. Diskret, aber beständig lud sie ein, sich ihr zuzuwenden und sich hineinzugeben in die geistliche Wärme und das schützende Halbdunkel ihres Inneren. Immer wieder fanden sich Vorüberziehende oder Übernachtende unter ihrem bergenden Dach ein, nahmen Platz auf den weidengeflochtenen Sitzen der merklich betagten Holzstühle, versanken in wortlose oder gebetserfüllte Andacht oder ließen sich ein auf die liturgische Feier des täglich einmal herbeieilenden Priesters. Dieser hatte es sich zur besonderen Aufgabe gemacht, in einem einfachen und ebenso hochsymbolischen Akt der Demut die Füße der Pilger zu waschen, um ihnen auf diese Weise zu bedeuten, welche Schönheit und Kraft darin liegen konnte, dem Nächsten zum Diener zu werden.

Zur Abendstunde erfüllten Lachen und heitere Gespräche das zum Speisesaal erhobene Kellergewölbe der Herberge, bis die müde gewordenen Wallfahrer sich in die ihnen zugewiesenen Stuben zurückzogen, um dem kommenden Morgen entgegenzuschlafen. Dann zogen sie weiter und ließen das traute Paar von Haus und Kirche hinter sich. Ergeben und dienstfertig sahen diese den Ankömmlingen eines neu anbrechenden Tages entgegen.

LAUZERTE ENTGEGEN

1 | DER WEG

Breit und selbstgefällig zog sich der kalkweiße Weg den Hügel hinauf. Er schien sich an sich selbst zu weiden, an der Noblesse seiner ebenmäßigen Gestalt, am vornehmen Blass seiner Farbgebung, am edlen Schwung seiner Bewegung.

Ihm zur Linken verneigten sich, wie zu einer verehrungsvollen Verbeugung, Geäst und Blätterwerk alter Eichen, während zur Rechten die Armee einer stramm und geradestehenden Maispflanzung eine Parade unbedingten Gehorsams abgab.

Pflanze um Pflanze, Glied um Glied, Reihe um Reihe, waren sie überaus diszipliniert bis zum Horizont aufgestellt.

Sie hätten ein nahezu perfektes Bild abgegeben, wäre da nicht inmitten ihrer selbst dieses Zwillingspaar arrogant herumlungernder und augenscheinlich noch eher junger Eichenwüchslinge gewesen, diese wiederum achtlos unterwandert durch einen lahm herumhängenden, mit fahlgelben Blüten mühsam dekorierten Busch.

Schritt man den stolzen Weg hinauf bis zu seinem höchsten Punkt und blickte zurück, stellte sich die Lage neu dar:

Nun wirkte der Weg kleinlaut und kraftlos und kippte schwächlich den Hügel hinab. Über diesem armseligen Etwas triumphierten rechthaberisch die starken, hochgewachsenen Eichen mit vorlaut um sich schlagendem Geäst, und neben dem Weg lauerte bedrohlich das Heer der Maissoldaten, wie bereit zum Angriff.

Alle Noblesse war dahin, und das vormals hell aufstrahlende Kalkweiß sah nun aus wie verschüttetes, alt und grau gewordenes Mehl.

An seinem unteren Ende schließlich verschlangen Mais und Eichen den Weg, die ersteren gezeichnet von gelber Verachtung, die letzteren erfüllt von gallgrünem Hohn, und er verschwand im Nichts.

2 | DER HÜGEL

Großzügig gestattete es der langsam abfallende, bauchrunde Hügel, dass Mais und Hafer sich seiner bemächtigt und man ihn in rechteckige, längere oder kürzere, breitere oder schmalere, grüne und goldgelbe Abschnitte aufgeteilt hatte. Gönnerhaft auch nahm er den scharfen Schnitt hin, welchen man ihm mit dem harten Asphaltstreifen der Landstraße zugefügt hatte. Er wusste wohl besseres als sich von derartigen Nebensächlichkeiten aus der Ruhe bringen zu lassen. Denn oben am Kamm, umgeben von Laub- und Nadelgehölzen, thronte unter dem windzerfurchten Wolkenmeer des Himmels das Schloss: »Château de Charry«! Seine Türme mit ihren spitz emporragenden, rötlich braun gedeckten Dächern kündeten vom besonderen Rang dieses Ortes. Sie ließen sich vornehm und zugleich machtvoll halten von dem Hügel, auf dessen Höhe sie vor Jahrhunderten errichtet worden waren.

Mag sein, sie hatten seiner längst vergessen, allein auf sich selbst und ihre unabweisbare Hoheit beschränkt – der Hügel aber besann sich ohne Unterlass seiner tragenden Bedeutung, während Mais und Hafer stumm vor sich hin wuchsen und der Bauer Jahr um Jahr darüberschritt, um beides abzuernten. Dann lag der Hügel da wie nackt, seines Grüns und Goldes beraubt, armselig, stoppelig und grau. Er übersah es geflissentlich, denn was auch immer geschah: Er war und blieb der Schlosshügel, und das adelte ihn durchaus.

3 | Im Licht

Bild 10: Sonnenblumenfeld bei Lascabanes (JB)

»Hallo!!!«, sang die Sonnenblume den vorüberziehenden Pilgern zu. Außerordentlich gut gelaunt lachte sie dabei über ihr gesamtes, rundes, leuchtendes Antlitz. »Hallo, hallo!«, stimmten die anderen Sonnenblumen mit ein, hunderte, tausende.

Der eine oder andere Wallfahrer blieb stehen, nicht aber weil er etwas gehört hätte, sondern allein des spektakulären Anblicks wegen, den das weite Sonnenblumenfeld bot. Man guckte und schaute und ergötzte sich am gelben Blütenmeer.

Einer aber hob seinen Wanderstecken, stach einer nah am Wegesrand stehenden Sonnenblume mitten in den fruchtbaren Leib und durchstocherte forschend das runde Bett der heranreifenden Sonnenblumenkerne. Die gemarterte Blume schwieg angstvoll und erzürnt zugleich, und wäre es ihr möglich gewesen, so hätte sie sich abgewandt oder gar verschlossen. Doch war es ihre heiligste Aufgabe, Abbild der Sonne zu sein, sich zum Licht hin zu öffnen und nach Kräften zu strahlen, zur Freude Gottes und der Menschen.

»Ärgere dich nicht«, trösteten die umstehenden Blumen ihre Genossin. Es war ihr anzusehen, wie verletzt sie sich fühlte. »Das sind nur Pilger, Leute auf der Suche, die noch nicht wissen, was sie finden sollen«, rief eine etwas philosophischer veranlagte Schwester ihr zu.

»Nun denn, so sei ihnen verziehen«, hörte sich da die Gekränkte in bemerkenswertem Edelmut sagen und dachte, sich selbst zu Hilfe eilend: Diese Armen konnten sicher nichts dafür, dass sie keine Wurzeln hatten, kein Zuhause, weder Standort noch Standpunkt. Laufen mussten sie, immerzu, unstet, flüchtig, und sei es durch die halbe Welt, nur um endlich und irgendwann da anzukommen, wo sie, die Sonnenblumen, schon längst standen: Im Licht.

Und während also die suchenden Wallfahrer weiter ihres Weges trotteten, fernen Hoffnungen und Einsichten entgegen, erfreuten sich die strahlenden Blumen ihrer Wurzeln, der Erde, in der sie standen, und des Himmels, der über ihnen leuchtete. In ihm erkannten sie sich selbst. Ausgelassen setzten sie ihren fröhlichen Gesang fort, und ihr heiteres »Hallo!« breitete sich aus bis hinauf ins weite, blaue Himmelszelt. Die leuchtende Sonne aber fröstelte beinahe vor Glück, so sehr ergriff sie der Lobpreis ihrer lichtfüllten

Erdenschwestern, und sie antwortete mit einem strahlenden »Halleluja!«

Ein merklich vergnügt einherschreitender Pilger kam just in diesem Augenblick vorüber, und als sein inneres Ohr den jubelnden Zuruf des Himmels vernommen hatte, da ließ er sich freudig zu Boden sinken, den Sonnenblumen zu Füßen und zur Seite, und fühlte sich wie Gott in Frankreich.

Nahe Lauzerte

1 | DIE TRAURIGKEIT

Bild 11: Trauerweiden be Lauzerte (MJ)

Flink und behende schossen die kleinen Fische durch das tief-grüne, beinahe schwarze Wasser, stießen immer wieder hinauf ins Licht und hinterließen an der Oberfläche muntere Kreise, die sich ausbreiteten nach allen Seiten, miteinander vermischten und sich schließlich, rasch vorwärtsstrebend, am Ufer des Weihers brachen.

Dort stieg wie alle Morgen und so auch an diesem Tag leise und in bedächtiger Bewegung die Traurigkeit aus dem Dunkel des Wassers hervor. Sie zog sich am grasigen Ufer nach oben und wand sich langsam, aber getrost an einem Baum empor. Der nahm sie gütig auf, umschlang sie mit seinen langen, lianengleichen Zweigen, bettete sie ins Grün seiner Blätter und umsorgte sie zärtlich. So weidete der Baum die Trauer, und die Trauer weidete in ihm.

»Seht, wie schön, die Trauerweide!« riefen die Menschen, die vorübergingen, und erfreuten sich am Spiegelbild im Wasser.

Und als das Licht der Sonne immer stärker wurde und dieses harmonische Ineinander golden durch und durch erleuchtete, da war es, als habe die Traurigkeit für die Dauer eines Windhauchs sanft gelächelt, und die Weide ließ sich zu einer annähernd übermütigen Bewegung ihrer schlanken Zweige verleiten, ja berührte mehrmals das Wasser, welches sich nun, silbernen Locken gleich, kräuselte von einem Ufer zum anderen, bis alle Ringlein, welche die schnappenden Fische in die Oberfläche des Wassers gestoßen hatten, verschwunden waren.

Legte sich zum Ende des Tages das Dunkel der Nacht über alles, sank die Traurigkeit zurück in den lichtlosen Teich, um in seiner Tiefe schlafend zu verweilen, bis Trauer und Weide zum Anbruch des neuen Tages wiederum zueinander fanden in einer Umarmung, wie man sie sich inniger nicht vorstellen kann. So hielten sie zueinander und hielten einander.

2 | Übermut + Hochmut – eine Fabel

»Lasst uns fliegen!«, riefen übermütig die Fische im Weiher und stießen pfeilschnell an die Wasseroberfläche, immer und immer wieder. Mag gut sein, dass es dem einen oder anderen gelang, den glitzernden Leib so weit übers Wasser hinaus in die leuchtende Luft zu erheben, dass er sich für den Bruchteil einer Sekunde dem Wahn hingeben durfte, tatsächlich geflogen zu sein. Doch keiner von ihnen blieb oben. Alle fielen zu ihrer größten Enttäuschung stets wieder zurück ins dunkle Nass.

Am Rande des Weihers erheiterte sich die Eintagsfliege an diesem aus ihrer Sicht doch mehr als törichten Schauspiel. Sie geriet darüber völlig außer Rand und Band, und so hatte sie sich bereits zur Mittagszeit halb totgelacht. Freilich erkannte sie nicht, dass ein jedes dieser Fischlein sie zwar kaum je überflügeln, wohl aber um ein Erhebliches überleben würde. Als aber das Ende ihres Tages und damit ihres Lebens gekommen war, verging ihr das Lachen, und Reue ergriff sie ob ihres zügellosen Spottes. Schon tief geschwächt, gelang es ihr nicht einmal mehr, sich bei den Fischen zu entschuldigen. Grübelnd ergab sie sich ihrem Ende.

3 | DER HOHLWEG

»Ich bin so hohl und doch so voll!«, summte der Hohlweg gut gelaunt. Dass er alles andere als nur hohl war, das sah er deutlicher
als die meisten, die ihn durchquerten und unter denen es natür-
lich auch so manchen Hohl- oder Hitzkopf gab, Blindgänger, Kopf-
losen oder Kohlkopf. »Meine Fülle ist gleichsam hohl verdeckt«,
philosophierte der Hohlweg und lachte dabei ebenso albern wie
angetan von diesem seiner Meinung nach doch reichlich originel-
len Gedanken.

Mochte er also gelegentlich etwas eigenbrötlerisch und stolz auftreten, so betrachtete er sich letztlich doch als guter Freund aller,
die ihn durchliefen. Ja, mehr noch: Die Wanderschuhe der Pilgernden oder auch die sorglos nackten Füßchen der Bauernkin-
der rührten ihn in seinem tiefsten Grunde, nicht minder die Pfo-
ten, Läufe, Beine und Füße von Katze, Hund, Stier, Schaf, Ziege
oder Kuh. Er umgab sie geflissentlich mit dem Schatten des run-
den, tunnelartigen, nach oben hin sanft verschlossenen Ast- und
Blätterwerks der an seinen Rändern lebenden Stauden, Gehölze
und Bäume.

Der Hohlweg liebte Gesellschaft. Besonders mochte er das gut ge-
launte, muntere Völkchen des Kleingetiers, welches im grünen
Saum des Wegrandes siedelte, und was fliegen konnte, flog überaus gerne hin und her durch den halbdunklen schlanken Gang,
wenngleich nicht immer in völlig friedlicher Absicht, wie man
etwa von der jagenden Fledermaus weiß.

»Wohin des Weges gar so rasch?«, fragte der Hohlweg beinahe einen jeden der zahllosen Wallfahrer, die ihn meist achtlos und mit umso sehnsuchtsvollerem, nach Santiago gerichteten Blick durchmaßen. »Warum so schnell? Verweile doch in mir und meinem Schatten!«

Doch selten erhielt er Antwort und hatte sich längst damit abgefunden, dass ganze Pilgerscharen in ihn hineinfuhren wie eine schwere, belastende Speise, deren einziges Ziel darin bestand, so bald als möglich am anderen Ende der Wegröhre wieder ausgeschieden zu werden. Man wollte den Blick frei haben für die Weite der Landschaft und für den Horizont, hinter dem stets, hier und jetzt und heute das angestrebte Pilgerziel aufzuleuchten schien – ein Trugbild allerdings, eine arabischen Wüsten im Sturm entsprungene, um nicht zu sagen: entpilgerte Fata Morgana, deren Oasenaugen exotisch leuchteten und doch nichts anderes waren als ein kurzes, glühwurmhaftes Aufglimmen zu nächtlicher Stunde.

»Santiago ist *hier*!«, brummelte der Hohlweg vor sich hin. Aber wer wusste das schon! Da bevölkerte man alte, düstere, modrige Kirchen, wallte durch bröckelnde Kreuzgänge, rutschte betend und singend auf schmerzendem Knie umher, kehrte das Innere nach außen und suchte das Eigentliche und Wesentliche und Unendliche und Eschatologische und hatte im Eifer solcherlei Ambitionen das Eigentliche und Wesentliche und Unendliche und Eschatologische gerade des Hohlweges übersehen, verkannt, verpasst!

70

Die Ignoranz der Welt schien bodenlos, und das machte den Hohlweg nun doch ein wenig traurig. War er, der gute alte Hohlweg, nicht ein echtes Kulturdenkmal, zudem ein Lebensraum von ökologischer Bedeutung ohnegleichen? Kam ihm nicht dieselbe oder doch wenigstens annähernd die Bedeutung zu, die ein prominentes Stück Literatur vorzeiten einem seiner Schweizer Verwandten namens »hohle Gasse« zugesprochen hatte? Waren sie nicht beide – sei es symbolisch oder auch real – Orte, an denen es um Leben und Tod gehen konnte, ein existentieller Durchstieg, ein Moment der Entscheidung, ein wahres Existential?!

»Ich sollte es einmal mit biblischen Worten versuchen, die Herzen der Gläubigen für mich zu gewinnen«, dachte er plötzlich und recht fasziniert von diesem genialen Gedanken. So zitierte er nun betont feierlich, wenngleich in leicht veränderter Fassung und mit einem nicht geringen Quantum an egoman gesteuertem Luststreben das Herrenwort: »Ich bin der Hohlweg, die Wahrheit und das Leben.« Doch kaum, dass er es gesagt hatte, wurde er sich der unangemessen ichbetonten Aushöhlung bewusst, die er jenem großen Wort hatte angedeihen lassen, und er genierte sich ein wenig ob der eben noch so unbeherrscht genossenen Lust an solcherlei Hohlheiten.

Bald aber fand er, bezeichnend für ihn, zu seiner gewohnt wonnig-wannenrunden Form zurück und freute sich daran, der Hohlheit seiner Gedanken überhaupt gewahr geworden zu sein. Er wertete gerade dies als ein Zeichen seiner eigentlichen inneren Fülle, wohl wissend, dass beinahe jeder, der seiner ansichtig wurde, irrig und ganz und gar unzutreffend gesagt hätte, es handele sich bei ihm doch um nichts anderes als einen hohlen Weg – einen Hohlweg eben.

In Wirklichkeit und Wahrheit aber war – wie so oft im Leben – alles ganz anders. »Ich bin so hohl und doch so voll!«, summte der Hohlweg daher lauter als gewöhnlich. Er war bester Laune.

4 | LAUZERTE – DIE LEUCHTENDE

1

»Spieglein, Spieglein an der Wand, wer ist die Schönste im ganzen Land?« Und der Spiegel antwortete: »Frau Königin, Ihr seid die Schönste im ganzen Land!«

Bild 12: Landschaft unterhalb Lauzerte (MJ)

Lauzerte, das im Departement Tarn-et-Garonne gelegene Dorf, hängt namentlich seit über 1000 Jahren zwar mit »lucerna« (lateinisch: Leuchte) bzw. »lumiere« oder »lieu eclaire« zusammen, präsentiert sich also als lichterfüllt, leuchtend, als ein Ort des

73

Lichts. Aber es trat dennoch bescheidener auf als die Königin aus dem Märchen, fragte nämlich nicht, ob es das Schönste von allen sei, sondern ob es sich wenigstens zu den Schönsten im Lande rechnen dürfte. Die Initiative »Les plus beaux villages de France« beantwortete die Frage und würdigte Lauzerte im April 1990 mit dem begehrten »Label«: »Eines der schönsten Dörfer Frankreichs«. Übrigens hält auch Conques im Departement Aveyron diesen Titel, den sich aber jeder der so Geehrten ständig neu verdienen muss: Sind die bekanntermaßen sehr strengen Kriterien nicht mehr erfüllt, wird man von der Liste der Schönsten wieder gestrichen.

Um den Ehrentitel können sich auch nur Dörfer mit höchstens 2000 Einwohnern bewerben. Außerdem müssen sie für Reisende lohnende Ziele sein, also denkmalgeschützte Bauwerke ihr Eigen nennen können, vielleicht auch ein Naturreservat oder ähnliche Attraktionen vorweisen. Denn bei aller Schönheit: Am Ende geht es schlicht um Tourismus, um Gastronomie und Hotellerie, um Souvenirs und Geld. Zu verdanken haben die Dörfer Frankreichs diesen Wettbewerb einem gewissen Charles Ceyrac. Das Licht der Welt hatte er in Collonges-la-Rouge erblickt, okzitanisch: Colonjas, gelegen im Departement Correze in der Region Limousin. Charles Ceyrac konnte sich freuen: Auch sein Dorf sollte zu einem »der Schönsten« ernannt werden. Er starb 1998 in Paris, 16 Jahre nach der ersten Ausrufung des Schönheitswettbewerbs, 79 Jahre alt.

2

Lauzerte: mittelalterlich, wie eine Festungsanlage, und das Tor zum Departement Tarn-et-Garonne – so präsentiert es sich. Gelegentlich und freilich ziemlich übertrieben wird Lauzerte als das »Toledo de Quercy« gefeiert. Vom Tal her, aus der Ferne betrachtet, vermittelt Lauzerte in der Tat einen gewissen, irgendwie an Toledo erinnernden Eindruck. Doch hat Toledo an die 80.000 Einwohner, ist reicher, kulturell bedeutender, und es steht auf der Liste des UNESCO-Weltkulturerbes. Lauzerte kommt auf dieser Liste nicht vor, schön hin oder her.

Jedoch und immerhin liegt Lauzerte am Rande eines anderen Weltkulturerbes: Die großen Jakobswege Frankreichs, und also auch die an Lauzerte vorbeiführende »Via Podiensis«. Diese werden auf der UNESCO-Liste geführt – eine hohe Auszeichnung, wenn man bedenkt, welche Prominenz sich auf dieser Liste versammelt: in Frankreich zum Beispiel Amiens, Bourges, Chartres und Reims mit ihren Kathedralen oder die Schlösser von Versailles und Fontainebleau.

3

1241 hatte Graf Raymond VII. von Toulouse – okzitanisch: Ramon – das damals noch junge Lauzerte zu einer Festung ausbauen lassen. Schon bald begannen die Pilger auf dem Weg nach Santiago auch hier Halt zu machen. Heute gibt es am Fuß der Stadtmauer sogar einen Pilgergarten, den »Jardin du Pelerin«. Er ist als ein Würfelspiel angelegt und bildet symbolisch den Weg nach Santiago de Compostela ab, seine Geschichte und mancherlei schwere Erfahrungen der Pilgernden.

Nebenbei bemerkt: auch jener Raymond machte sich auf eine Art Pilgerweg, allerdings nicht nach Spanien, sondern in Richtung Provence, um dort in ein Schiff zu steigen und am Kreuzzug teilzunehmen. Zu dieser kriegerischen Wallfahrt aber kam er nicht mehr: Er starb unterwegs, genauer: in Millau im Departement Aveyron, acht Jahre nachdem er Lauzerte hatte befestigen lassen und im 52. Jahr seines von zahlreichen Intrigen, Niederlagen, politischem und auch persönlichem Scheitern erschütterten Lebens.

4

Aber so eben pflegte es früher – und nicht selten ja auch noch heute – zuzugehen in Politik und Adel. Schon Schneewittchen ging es kaum besser: Es musste sich zu den sieben Zwergen hinter den Bergen flüchten, weil die schönheitssüchtige Königin es umbringen wollte wegen seiner »Haut so weiß wie Schnee«, seiner »Haare so schwarz wie Ebenholz« und seiner »Lippen so rot wie Blut« – Schönheit kann gefährlich sein.

Die Stadt Lauzerte hoch auf dem Hügel weiß davon ein Lied zu singen. Denn friedlich ging es in ihr und um sie herum, weiß Gott, nicht immer zu – freilich wohl weniger, weil Lauzerte so schön gewesen wäre, sondern eher seiner ökonomischen und militärischen Lage wegen, gelegentlich auch im Zusammenhang mit dem Kampf der katholischen Kirche gegen aufbrechende reformatorische Bewegungen. Hier wäre besonders der (Anti)-»Albigenser-

Kreuzzug« zu nennen, ausgerufen im Jahr 1209 durch den inso-
fern sicher zu Unrecht »Unschuld« heißenden Papst Innozenz III.
Umso tröstlicher, dass Charles Ceyrac, dem alles Schöne so sehr
liebenden Politiker und Bürgermeister von Collonges-la-Rouge,
solche zerstörerischen Erfahrungen erspart blieben – charakteris-
tischerweise fiel der Wochenzeitschrift »DIE ZEIT« im Oktober
1987 kaum mehr auf als Ceyracs Doppelkinn, welches sich falten-
reich aufs Revers seines blauen Anzuges niedergelegt habe. Nun
denn: Wenn es nicht mehr zu berichten gab als dies, dann durfte
der König der schönsten Dörfer Frankreichs sich glücklich geprie-
sen haben, glücklicher vielleicht sogar als Lauzerte, die schöne
Festung, die Leuchtende, die Lichterfüllte.

RAST

Der weithin knallrot leuchtende Kinderwagen erschien hier, mitten auf dem Lande, wie ein Fremdkörper. Die Mutter schob ihn langsam über die Teerstraße, welche sich zwischen Mais- und Gerstehügeln hinauf- und hinunterschlängelte. Sie hatte das Dach des Wagens hochgeklappt, um ihren darin schlummernden Schützling vor der großen Hitze dieses heißen Julitages zu bewahren.

Der Pilger im ländlichen Wirtshausgarten »Aube Nouvelle« suchte bei Kaffee und frischem, kühlem Wasser Erholung von den Anstrengungen seines Weges. Er konnte die junge Frau von seinem Sitzplatz aus gut beobachten.

Für eine geraume Weile folgten ihr seine Blicke, bis mehr und mehr das alte, moosige, den Gasthof umgebende Steingeländer sowie die Menge kleinerer und größerer, oasenhaft angepflanzter Palmbäume seine Aufmerksamkeit auf sich zogen.

Er genoss die leichte Brise, welche den angenehm schattigen Ort durchströmte, und gab sich versonnen allerlei Gedanken hin, ohne später sagen zu können, was ihn zu jener verträumten Mittagsrast tatsächlich beschäftigt haben mochte.

Irgendwann bemerkte er, dass Mutter und Kind von ihrem Spaziergang zurückgekehrt waren und ihrerseits Platz gefunden hatten in diesem rundum paradiesisch anmutenden Wirtshof.

Sie gab ihrem Kleinen zu essen und verfolgte seine Gesten in liebevoller Hingabe.

So floss die Zeit unmerklich dahin, und die Mittagsstunde glich einer wohltuenden Ewigkeit.

Erst das muntere Plappern des gesättigten Kindes, die geleerte Kaffeetasse und das zur Neige gehende Wasser im Glas zeigten an, dass eine andere Stunde begonnen hatte und der Augenblick zum Aufbruch gekommen war.

Der Pilger zahlte, dankte, schulterte seinen Rucksack, ergriff den Wanderstecken und setzte seinen Weg fort.

Noch lange trug ihn die labende Atmosphäre jenes still vergnügten Lustgartens über Stock und Stein.

MOISSAC

1 | STOLZ UND FROMM

Bild 13: Kreuzgang im Kloster zu Moissac (JN)

Nahe am Chorraum der großen, hohen Peterskirche stand das einem Taufstein nicht unähnliche Weihwasserbecken. In sein bauchiges Rund waren schlichte florale Formen gemeißelt, und eine sorgsame Hand hatte um seinen Fuß Lilien und kleine Farne gruppiert.

Da näherte sich ein älterer Herr in bedächtigem Schritt, sah in das Becken, ließ die Finger der linken Hand durchs Wasser gleiten, schüttelte das Nass wieder ab und wollte schon weitergehen, als ein vielleicht neunjähriger Bub hinzusprang.

Dem in einiger Entfernung sitzenden Beobachter offenbarte sich, dass hier Großvater und Enkel miteinander unterwegs waren; wie viele andere um sie herum besichtigten sie den machtvollen romanisch-gotischen Bau der Peterskirche.

Der Junge griff nun seinerseits ins Wasser, ließ es jedoch nicht wieder zurückfließen, sondern bekreuzigte sich geübt und rasch. Noch begriffen in dieser Geste, zupfte er mit der anderen Hand am Hemdärmel des sich bereits entfernenden Großvaters, um diesen zu sich zurückzuziehen, deutete auf das Weihwasserbecken, griff erneut ins Wasser und bekreuzigte sich abermals, nun aber betont und für sein Alter eigentlich eine Spur zu herausfordernd.

Da tat der Großvater ergeben einen kleinen Schritt zurück, wandte sich halb dem Becken zu, benetzte die Finger seiner Rechten und bekreuzigte sich gleichfalls.

Daraufhin zogen die beiden ihres Weges

Der Alte tat's mit regungsloser Miene. Dem Kleinen aber standen die allerfrömmste Andacht und zugleich der allerstolzeste Stolz in sein warmes, kindliches Antlitz geschrieben.

2 | ENTÄUSSERT

Bild 14: Kreuzgang Moissac, Kapitelle (JN)

Es waren am Ende nicht so sehr die Vögel, die Pflanzen, die Figuren und Gesichter, welche die Aufmerksamkeit des Betrachters für sich einnehmen sollten, sondern diese Säulen. Sie trugen in stoischer Ruhe die auf ihnen sitzenden, reich ornamentierten Kapitelle – umgekehrte Pyramiden, über denen sich wiederum steinerne Arkaden unter schlichtem, hölzernem Gebälk erhoben. Schlank eingepasst zwischen dem niedrigen, den Kreuzgang des Klosters rahmenden Maueraufbau und dem Ineinander von Säulenköpfen, Bögen und Dachbalken, gaben sie ein ebenso festes wie graziles Bild ab. In der wechselnden Folge einzeln und doppelt gestellter Säulen bot sich das Bild einer bewegten und doch verhalten in sich gekehrten Gruppe von aus Stein geformten Individuen. Jede Säule zeigte sich als eine eigene Welt, als Abbild und Zeuge einer langen Geschichte. Keine von ihnen glich der anderen, obgleich sie doch in Höhe und Durchmesser insgesamt nahezu identisch waren. Einschläge, Löcher, abgeplatzte Oberflächen, Ritzungen, Kratzer und alle Merkmale einer langsamen, aber steten und unaufhaltsamen Verwitterung verliehen jeder einzelnen ihr je eigenes Gesicht. Sie waren alt, an die 800 Jahre, und schienen dennoch jugendlich schlank, unverfettet, sehnig.

Ihre klare Gestalt stand in völligem Gegensatz zu den auf ihnen hockenden Kapitellen, eine luxuriöse Festgesellschaft, inspiriert von der ausgreifenden Formenvielfalt korinthischer oder auch arabisch-muslimischer Dekorationskünste. Sie krönten die schmalen Säulen wie leicht ausschweifende Frisuren aus Ranken, Blättern, Palmen, Zapfen, Zweigen und Stengeln, oder aber sie boten sich als kleine Bühnen dar, auf denen Heilige und Märtyrer ein unfassbar bedeutungsgeladenes Rendezvous veranstalteten, umgeben von Vögeln und allerlei anderen Tieren oder Fabelwesen.

Die schmalen Säulen blickten weder dort hinauf noch sorgten sie sich um das Fundament unter ihnen. Willig ließen sie sich durchströmen von den zwischen Unten und Oben hinauf- und hinunterfließenden geistigen und geistlichen Kräften, hielten ihnen den Weg frei, unversperrt und ohne Widerstand. Sie zeigten Präsenz, jedoch dezent, diskret, zurückhaltend, und duldeten es, dass die Augen der Vorübergehenden sich stets zuerst den Kapitellen über ihnen zuwandten. Es entging Ihnen freilich ebenso wenig, dass all die eifrig nach oben geworfenen Blicke, irritiert durch die dort sich bietende, schier unüberschaubare Vielfalt, schon bald ermüdeten, um nun Beruhigung, Klarheit und Kraft in den einfachen, anspruchslosen, zierlosen Säulen darunter zu suchen und auch zu finden, ja beinahe zu empfangen.

Dies war ihre Stunde, die Stunde der Säulen – eine oft nur wenige Augenblicke andauernde Stunde zwar, aber eben doch von der Gewissheit getragen, dass der den Kreuzgang verlassende und in den Alltag der Straße zurückkehrende Besucher gerade sie, diese rhythmische Gemeinschaft der Säulen des Glaubens, im Gedächtnis behalten und die verwirrende Welt ihrer Kapitelle rasch wieder aus den Augen verlieren, geschweige denn auch nur annähernd korrekt würde beschreiben können.

Das gab den Säulen ein gutes Gefühl. Und so standen sie erfüllt und in sich selbst ruhend da, einerseits Symbole von Ordnung und Gleichmaß, andererseits – bitte, das bleibt ein Geheimnis! – auch ein wenig tänzelnd und sich um sich selbst drehend, mit dem Wechsel von Licht und Schatten spielend, unauffällig und amüsiert den Lauf der den Kreuzgang entlangschreitenden Besucher begleitend, gelegentlich sogar untereinander die Plätze vertauschend, all dies freilich, ohne dass irgendein Menschenkind es je wirklich bemerkt hätte. Zu gewissen Zeiten dehnten sie ihr Spiel aus bis in die Tiefe der Nacht und wandelten als wandelnde

Wandelhalle sich selbst entsäulend dahin, erst Bein, dann Tanz-
bein geworden, vorsichtig zunächst im sichereren Vierviertel-,
dann walzerhaft im beschwingteren Dreivierteltakt hin und her
und auf und nieder sich wiegend und wogend.

Den schweren Kapitellen aber blieb nichts anderes als mitzuzie-
hen. So manches verlor dabei die eine oder andere Ranke, den
einen oder anderen Zapfen, den einen oder anderen edlen Stein,
und manche hochheilige Gestalt gar ihr Gesicht.

Des Tags, wenn – dem Augenschein nach – die übliche äußere
Ruhe und Ordnung zurückgekehrt waren, machten sich Kunsthis-
toriker und Restaurateure an ihr nicht enden wollendes und im
Angesicht der Ewigkeit doch ziemlich vergebliches Werk der irdischen Wiederherstellung dessen, was längst den Himmel gesehen und sich darüber erlöst seiner irdischen Gestalt entäußert
hatte.

Nur einige, sehr, sehr wenige ahnen schon seit längerem, dass
hier mehr als Verwitterung und »Zahn der Zeit« im Spiele sind,
und es mithin unerlässlich sein wird, eines Tages den Tanz der
Säulen des Glaubens mitzutanzen, um so das unendlich Unbe-
greifliche wenigstens endlich und annähernd ins Begreifen zu führen.

Doch keiner hat es bislang gewagt, derlei Ahnungen laut auszu-
sprechen, geschweige denn die eine oder andere Säule zum Rei-
gen zärtlich zu umarmen.

PILGERN HEUTE

Martin Luther verschmähte das Pilgern polemisch, sofern es sich dabei um ein bloßes Volks-»Geläuff« weg von der örtlichen Kirche hin zu heiligen Orten, Gnadenstätten, Gnadenbildern und Reliquien, abgelegenen Landkapellen und Feldkirchen handelte, um sich dort devotionaliengestützten Kulten hinzugeben in der Hoffnung, auf diesem Wege zu Erlösung, Ablass und Verkürzung des zu erwartenden »Fegefeuers« zu gelangen und sich so dem Irrglauben auszuliefern, man könne sich göttliche Gnade durch besondere »Werke«, Gelübde, Leistungen und Taten erkaufen – oder auch erlaufen. Hingegen kannte Luther die Vorstellung einer »geistlichen Wallfahrt« – ein Gedanke, der als ein Grundzug des Religiösen nie neu war, heute aber ein ganz neues, von manchem vielleicht unerwartetes Interesse weckt.

Wenn Menschen heute pilgern – und im Besonderen haben dabei die verschiedenen Routen des Jakobsweges nach Santiago de Compostela neue Bedeutung gewonnen –, dann tun sie dies mittlerweile wohl kaum mehr aus jenen Motiven der Werkgerechtigkeit heraus. Vielmehr begeben sie sich in ein umfassendes geistliches Exerzitium, das den Alltag deutlich unterbricht und zu einer erweiterten, vertieften oder gar neuen religiösen Einstellung führen kann.

Allerdings wird das Pilgern erst dann zu einem wahren Exerzitium, wenn es tatsächlich vom Wunsch nach wachsender geistlicher Erfahrung, nach Selbst- und Gotteserkenntnis getragen ist, also weder aus vorrangig touristischen Motiven noch aus sport-lich-leistungsbetonten Beweggründen geschieht. Wenn Pilger wieder nach Hause zurückkommen, erleben sie häufig, dass man ihnen vorrangig mit touristischen, ausrüstungstechnischen und leistungssportlichen Fragen begegnet. Pilgern ist aber etwas es-senziell anderes als einfach »Wandern« oder »Reisen zu Fuß«, wenngleich die Grenzen zwischen diesen Facetten der Bewegung von Natur aus fließend sind. Trotz der unabweisbaren Notwendig-keit, ein Mindestmaß an körperlicher Belastbarkeit mitzubringen, hat das Pilgern jedoch ganz besonders wenig mit »Sport« zu tun, und erst recht nichts mit Leistungssport.

Vielmehr gilt gerade im Blick auf Geschwindigkeit und Leistung: Langsam ankommen ist entscheidend, möglichst »schnell« das Ziel zu erreichen dagegen völlig unwichtig. Das Wort »langsam«, hier gebraucht im Sinn einer Lebenseinstellung, hängt eng zusammen mit dem modern gewordenen Begriff der »Entschleunigung«. Da-mit ist vornehmlich gemeint, sich zu verabschieden von der Ideolo-gie eines steten »schneller, höher, weiter, mehr«. Dabei geht es zum einen darum, Zeit und Raum zu finden zum Nachdenken, zur Selbstreflexion, zur Selbsterforschung und zum bewussten »Loslas-sen« dessen, woran der Alltag Menschen häufig so sehr bindet oder gar fesselt oder ankettet; zum anderen richtet sich die Frage nach dem Ich stets auch auf die Frage nach dem eigenen und eigentli-chen Woher, Wohin und Lebenssinn. Darin ist von je her auch die Frage nach dem großen »Du«, nach Gott enthalten.

Aber auch der »Weg« selbst kann zu einem wesentlichen Bild des eigenen Lebens werden, nämlich als »Lebensweg«, als »Weg des Lebens«, als »Lebensführung« und »geführtes« – auch von Gott angeführtes – Leben. Die Art und Weise, wie auf einem Pilgerweg gerade auch Herausforderungen, Zweifeln und Grenzerfahrungen begegnet wird, kann zu einer überraschenden und erhellenden Auskunft darüber führen, wie man solchen Erfahrungen auch sonst im ganz gewöhnlichen Alltag zu begegnen pflegt, kann die Frage danach aufwerfen, ob das so sein und bleiben muss und ob bei allem eigentlich noch damit gerechnet wird, dass Gott selbst stets mit unterwegs ist, mitgeht, entlastet, mitträgt und mitleidet, stärkend und segnend.

Ein solch inneres »Programm« aufrecht und lebendig zu erhalten, setzt ein Mindestmaß an – im allerbesten Sinne des Wortes gemeint – »Disziplin« voraus. Ein Pilgertag ist kein schlichtes »immer-der-Nase nach«-Wandern, dessen einziges Ziel das Erreichen einer Unterkunft zum Einbruch der Nacht wäre. Pilgertage brauchen und haben eine klare Struktur, gerade auch in geistlicher Hinsicht. Sie sind von ihrer Natur her »Gottesdienst« und haben im Grunde ihre eigene »liturgische« Ordnung. Von gelegentlichen Ausnahmen abgesehen vertragen sich spätes Aufstehen, ausgedehnte Frühstücke bis in die Mitte des Vormittags und abendliche, bis spät in die Nacht hineinreichende Trink- und Feiergelage nicht gut mit den eigentlichen Intentionen des Pilgerns.

Für Anfänger empfiehlt sich das Gehen in einer Gruppe Gleichgesinnter, denen an einer dergestalt geordneten Weise des Pilgerns gelegen ist und die sich vielleicht sogar von einem »Spiritual« begleiten und leiten lässt, also einem Mitmenschen, der selbst pilgererfahren ist, etwas versteht von geistlicher Begleitung sowie befähigt, bereit und verschwiegen ist, um das Amt der Seelsorge auszuüben gegenüber jenen, die sich ihm anvertrauen oder persönlichen Rat suchen. Denn die Erfahrung lehrt, dass »unterwegs« oft ganz unerwartete Fragen, Zweifel, belastende Erlebnisse, sorgsam verdrängte schmerzliche Erfahrungen aus frühen Kindheitstagen oder irgendwann erlittenes Unrecht aus dem Innersten hervorbrechen, manchmal mit großer Macht. Dann ist es hilfreich, wenn jemand da ist, der dies verstehend und sensibel und ebenso ermunternd und tröstend auffangen kann, um so dazu beizutragen, eigenen Problemen und Fragen offener, weniger angstbesetzt und in wachsender Freiheit zu begegnen.

Ähnlich dem Gleichmaß des klösterlichen Lebens mit seinem Wechsel zwischen Aktivität und Andacht – klassisch: »Ora et labora«, »Bete und arbeite« – erhält der Pilgertag eine ebenso regulierende wie bergende Struktur durch Morgen-, Mittags- und Abendgebet. Ideal wäre auch eine den Tag bestimmende, persönliche Reflexions-«Aufgabe«, die sich wiederum mit festen Zeiten auch schweigenden Gehens verbände. Wenn es gelänge, über die daraus hervorgehenden Gedanken und Erkenntnisse mit anderen Weggenossen ins Gespräch zu kommen – sei es irgendwann unterwegs oder am Ende des Tages in der Pilgerherberge –, könnte dies zu weiteren, bereichernden und nachhaltigen Erfahrungen führen. Neben die Selbstreflexion oder stille Zwiesprache mit Gott tritt so die Kommunikation des Glaubens oder auch des Zweifels, das suchende Gespräch mit anderen Menschen.

So ist das Pilgern heute mehr und mehr zu einer ganzheitlich angelegten Form der Suche nach innerer Orientierung geworden. Stärker als in vergangenen Epochen sieht sich der moderne, so sehr zu Individualität, Autonomie und Selbstbestimmung aufgerufene Mensch einerseits gezwungen, ein eigenes Bild von der Welt, ein eigenes »Weltbild« und einen eigenen Wertekanon zu entwerfen, um zugleich dauernd an die harten Grenzen einer harten Leistungsgesellschaft zu stoßen, zahllosen Fremdbestimmungen, Sachzwängen, Karriereansprüchen oder modischen Diktaten ausgesetzt zu sein. Das viel beschworene Ideal des sogenannten »christlichen Abendlandes« steht einer noch immer neuen Weltentwicklung gegenüber: der sogenannten »globalen« Welt, die allerdings keinen klaren Systemkurs mehr anbietet, klassische Wertsetzungen immer neu relativiert und alles andere als verlässliche Lebensstrukturen offeriert.

Pilgerwege resümieren demgegenüber bewährte Vergangenheiten, reflektieren sie neu und vermitteln ihre essenzielle Bedeutung an die Gegenwart. Man begegnet uralten Kirchen, trifft auf am Pilgerweg entlang aufgestellte Kreuze, nimmt in Klosterkirchen teil am gesprochenen oder gesungenen Stundengebet der Mönche und Nonnen, hat vielleicht etwas gelesen über die Geschichte des Jakobsweges, fühlt sich ein in frühere Epochen. Man erahnt neu, was Fortbewegung zu früheren Zeiten bedeutet hat: oft ging man zu Fuß, und das über lange, hunderte Kilometer und mehr messende Strecken. Beim Durchstreifen alter Kulturlandschaften wird, anders als bei einer rasanten Fahrt über Landstraßen und Autobahnen, neu bewusst, wie einfach Menschen früher oft lebten und leben mussten und wie wenig im Grunde zu einem erfüllten Leben notwendig ist.

Bei allem sollte aber eines klar bleiben: Das Pilgern ist kein Garant für geistliche »Erfolgserlebnisse«. Spiritualität ist nicht »machbar«. Sie ist und bleibt ein Geschenk. Der Pilgernde kann einerseits versuchen, mit offenem Herzen, offener Seele und offenen Händen zu gehen, bereit zu empfangen; andererseits lässt sich kein Geschenk der Welt – und auch kein Geschenk des Himmels – erzwingen. Pilgern ist ein Versuch; ihm steht die Versuchung gegenüber, es in einen nachweisbaren Erfolg zu überführen. Meistens aber wird man erst später, vielleicht Jahre später, erkennen können, was wohl das wirklich Wesentliche des gegangenen Weges gewesen sein mag. Gelegentlich wird es schlicht dabei bleiben, dass das Pilgern dem Körper – und damit immerhin auch der Seele – gut getan hat, weil Bewegung, frische Luft, das Spüren von Sonne und Regen und das Ausspannen vom Alltagsgeschäft eben gesund sind. Das ist auch ein Wert, der nicht unterschätzt werden sollte – im Gegenteil: gerade dies kann genau der Beginn einer kommenden, auch explizit spirituellen Erfahrung sein.

Und einmal heimgekehrt – was dann?

Da Pilgern nun eben mehr ist als von Hier nach Da zu gehen, kann auch der Alltag ein stetes Pilgern werden, ein bewusster gelebtes »Unterwegssein« oder auch »auf dem Wege sein«. Das Stichwort von der »Entschleunigung« gibt genügend Hinweise darauf, dass sich das moderne Leben immer wieder und sich selbst zu Ungunsten wie das Rasen auf einer Hochgeschwindigkeitsbahn abspielt – dem kann man entgegensteuern, einhalten, »langsamer« gehen, und immer wieder nach dem tieferen Sinn all dessen forschen, was Menschen tun. Manches Tun erweist sich dabei als sinnlos, sinnentleert, falsch.

Mancher, der sich auf einen Pilgerweg begeben hat, wird sich später immer neu daran erinnern, wie das war, als man so unterwegs war, was wichtig gewesen ist und was unwichtig. Die Erinnerung hilft, jenen Erfahrungs- und Besinnungsweg nicht zu verlassen, sondern ihn innerlich weiterzugehen.

Erinnern ist ein wesentliches Element gelebter Pilgerschaft.

ANHANG

WEITERFÜHRENDE ERLÄUTERUNGEN

Zum Kapitel »Fides – die Getreue« (S. 10):

▪ Conques und Santiago de Compostela – zur Baugeschichte: Die Klosterkirche Sainte-Foy in Conques wurde seit 1041 bis zum beginnenden 12. Jh. errichtet.

Die Kathedrale von Santiago de Compostela wurde seit 1077 errichtet. Seit dem 9. Jh. (Auffindung des angeblichen Grabes des Apostels Jakobus durch einen Hirten, der von einem Stern an diesen Ort geführt worden sein soll) hatte es dort bereits eine kleinere Kirche zur Verehrung des Heiligen gegeben.

Zum Kapitel »Eia, ultra!« (S. 14):

Bild 15: Ultreia-Liedruf (Refrain)

▪ Zum Lied »Ultreya«:
Verbreitet unter den Jakobspilgern der Gegenwart ist ein Lied mit »Ultreya«-Ruf, einer Kombination aus mittelalterlichem Text und neuer Melodie:

95

Der Kehrvers[1] des weit verbreiteten, 1989 von Jean-Claude Benazet auf dem Jakobsweg geschaffenen, dreistrophigen Liedes greift zurück auf das »Buch des heiligen Jakobus« (»Liber Sancti Iacobi«), dessen Urfassung die aus der Mitte des 12. Jh. stammende Handschrift »Codex Calixt(in)us« bietet, benannt nach Papst Calixtus II. (1119-1124). Darin findet sich ein Pilgerlied, das seinerseits auf ein flämisches Pilgerlied zurückgeht, verbreitet unter dem lateinischen Titel »Dum pater familias« oder »Canto de Ultreya«.

Zum Kapitel »Moreau und Decazes« (S.21):

▪ Minenmuseum:
Die »Association de Sauvegarde du Patrimoine Industriel du Bassin Decazeville« führt ein Museum, das die Geschichte der Minen und den Alltag der einstigen Minenarbeiter vorstellt.

Zum Kapitel »Der kleine Stein« (S. 24):

▪ Zum Niederlegen von Steinen an Wegkreuzen:
Diese symbolische Handlung dürfte sich wesentlich jüdischer Tradition verdanken. Dort ehrt man Tote, indem man beim Verlassen einer Grabstelle einen kleinen Stein niederlegt. Dazu gibt es zahllose Deutungsversuche.

---

[1] Aus urheberrechtlichen Gründen wird hier nur der Refrain zitiert.

Zum Kapitel »Cazelles« (S. 31):

Eine gute Einführung gibt François-Antoine De Quercy in »Cazelles, Gariottes lotoises«.[2]

Zum Kapitel »Dolmen« (S. 45):

Gute Auskünfte dazu gibt u. a. wikipedia.[3]

Zum Kapitel »Cahors« (S. 48):

- Zu Johann D. Mahlknecht (Dominique Molknecht):

*1793 Südtirol, † 1876 Paris. Es kursieren mehrere französisierte Schreibweisen seines Namens (Dominique / Dominik Molknecht / Molchneht / Molchnecht). Mahlknecht wanderte 1810 nach Frankreich aus und avancierte zum »Bildhauer Seiner Königlichen Hoheit«. U.a. schuf er für die Kirche »La Madeleine« (Paris) eine Skulptur des Hl. Franz von Sales.

Zum Kapitel »Lauzerte – die Leuchtende« (S.73):

- Zum Begriff »Toledo de Quercy«:

Vgl. Heinrich Wipper[4] oder auch Julia Hennings und Thorsten Droste.[5]

---

2 QUERCY, F. A. DE, Cazelles, Gariottes lotoises (Lot) 2014.

3 WIKIPEDIA-ORG, Artikel: »Dolmen«. URL: https://de.wikipedia.org/wiki/Dolmen (Stand: 07.07.2024).

4 WIPPER, HEINRICH, Wandern auf dem französischen Jakobsweg. Via Podiensis (DuMont aktiv wandern), Ostfildern 2008, 88.

5 HENNINGS, JULIA u. THORSTEN DROSTE, Frankreich. Der Südwesten - die Landschaften zwischen Zentralmassiv, Atlantik und Pyrenäen (DuMont-Kunst-Reiseführer), Ostfildern 2007, 116.

- Zu den Katharern / Albigensern:

Ein besonderer Anlass für Terror und Chaos war im 13. Jahrhundert der kirchenkatholische Kampf gegen die Laienbewegung der sogenannten »Katharer«. Aus dieser Bezeichnung erwuchs später der Begriff »Ketzer«, welche das Alte Testament verwarfen, sich als die »wahren« und »reinen« Christen darstellten sowie Sündenvergebung und Erlösung nur dann für möglich hielten, wenn man ihrer Bewegung bzw. Kirche beitrat; zudem gab es neben Priestern auch Priesterinnen, und man predigte statt lateinisch in der Sprache des Volkes. Als Papst Innozenz III. zum »Kreuzzug« gegen die Katharer aufrief, stand er in Okzitanien einem jene geistliche Laienbewegung weitgehend begünstigenden Adel gegenüber – so wurde schon Graf Raymond VI. von Toulouse im Jahr 1207 kurzerhand exkommuniziert, weil er sich an den Kriegszügen des Papstes nicht beteiligen wollte. 1209 brach der Terror gegen die Albigenser los und sollte sich über 20 Jahre hinziehen. Papst Innozenz III., ebenso Graf Raymond VI. starben darüber, bis schließlich Raymond VII., entkräftet durch die nun vom französischen Königshaus betriebenen Kämpfe, aufgab, einen Friedensvertrag unterschrieb und Okzitanien fortan Frankreich einverleibt wurde. Die folgende Inquisition erledigte den Rest.

- Zum Adelsgeschlecht bzw. »Haus« Toulouse, auch als »Saint-Gilles« oder »Raimundiner« geläufig:

Der Maler Henri de Toulouse-Lautrec (1864–1901) ist später und entfernter Repräsentant der Linie der seit dem 9. Jh. bekannten, im 13. Jh. im Prinzip bereits wieder ausgestorbenen Grafen von

Toulouse, seinerzeit verbreitet u.a. in der Grafschaft Toulouse, im Languedoc, bis hin zur Grafschaft Tripolis (heute Libanon).

- Zu Ceyracs Doppelkinn: Vgl. Ulrike Posche-Codt.[6]

Zum Kapitel »Moissac« (S. 80):

- Literaturhinweis auf Pierre Sirgant – »Bible ouverte«:

»Die alte Benediktinerabtei von Moissac hat uns ein prestigeträchtiges Erbe hinterlassen, mit ihrem Kreuzgang, ›dem schönsten der Welt‹, und der Abteikirche Saint-Pierre mit ihrem wunderbaren Tympanon. Hier haben Künstler mehr als anderswo ihre Inspiration in ihrem christlichen Glauben gefunden. Doch viele unserer Zeitgenossen verfügen nicht mehr über das religiöse Wissen, das es ihnen ermöglichen würde, die Bedeutung dieser Meisterwerke zu erkennen. Das Moissac Open Bible-Buch möchte diese Lücke schließen, indem es den Besuchern die von den Bildhauern illustrierten biblischen Texte bietet. Der Autor eröffnet neue Perspektiven, indem er zeigt, wie diese Künstler auch von den Kommentaren der Kirchenväter beeinflusst wurden.«[7]

- Literaturhinweis – »singende Steine«:

Zu Rainer Straub (2009): »Im südwestfranzösischen Städtchen Moissac ist der romanische Kreuzgang St.-Pierre fast unversehrt erhalten geblieben. Als Zentrum der benediktinischen Lebensfüh-

---

6 Ulrike Posche-Codt, Limousin Auch Renoir hat hier gelebt, in: ZEIT ONLINE (1987-10-09) 42. URL: www.zeit.de/1987/42/auch-renoir-hat-hier-gelebt/komplettansicht (Stand: 04.07.2024).

7 Sirgant, Pierre, Moissac - Bible ouverte, Montauban 1997, Cover-Text Verlag (hier: ins Deutsche übersetzt).

rung wartet er mit einigen Überraschungen auf. Wichtigstes Ereignis der theoretisch fundierten Suche nach Symbolik dieser Epoche ist die Entdeckung einer Choralmelodie, die um das Jahr 1100 in Südfrankreich gesungen wurde. Sie ist auf den Kapitellen des Kreuzgangs versinnbildlicht – die Steine beginnen zu singen.«[8]

Zum Kapitel »Pilgern heute« (S. 87):

▪ Zur lateinischen Herkunft des Begriffs »pilgern«:

Vgl. die Hinweise bei Gerhard Köhler, Lateinisches Abkunfts- und Wirkungswörterbuch[9]:

- pergere: verfolgen, vordringen, fortsetzen, aufbrechen, sich aufmachen.[10]

- peragrare: durchwandern, durchgehen, durchreisen.[11]

- Ager: Acker, Feld, Flur, Grundstück.[12]

---

[8] STRAUB, RAINER, Die singenden Steine von Moissac. Entschlüsselung der geheimnisvollen Programme in einem der schönsten Kreuzgänge Europas, Salzburg 2009, (Cover-Text Verlag).

[9] GERHARD KÖHLER, Lateinisches Abkunfts- und Wirkungswörterbuch. URL: www.koeblergerhard.de/Latein/LateinischesWB.pdf (Stand: 25.06.2024).

[10] »pergere, verfolgen, Vordringen, fortsetzen, aufbrechen, sich aufmachen« a. a. O., 1062.

[11] »peragrare, durchwandern, durchgehen, durchreisen« a. a. O., 1056.

[12] »ager, Acker, Feld, Flur, Grundstück« a. a. O., 48.

BILDHINWEISE

Namenskürzel der Bildautoren:
JB = Jürgen Blum; JN = Jürgen Nitz; MJ = Matthias Jokisch.

LITERATURHINWEISE

HENNINGS, JULIA u. THORSTEN DROSTE: Frankreich. Der Südwesten - die Landschaften zwischen Zentralmassiv, Atlantik und Pyrenäen (DuMont-Kunst-Reiseführer), Ostfildern 2007.

KÖHLER, GERHARD: Lateinisches Abkunfts- und Wirkungswörterbuch. URL: www.koeblergerhard.de/Latein/LateinischesWB.pdf (Stand: 25.06.2024).

POSCHE-CODT, ULRIKE: Limousin Auch Renoir hat hier gelebt, in: ZEIT ONLINE (1987-10-09) 42. URL: www.zeit.de/1987/42/auch-renoir-hat-hier-gelebt/komplettansicht (Stand: 04.07.2024).

QUERCY, F. A. DE: Cazelles, Gariottes lotoises (Lot) 2014.

SIRGANT, PIERRE: Moissac - Bible ouverte, Montauban 1997.

STRAUB, RAINER: Die singenden Steine von Moissac. Entschlüsselung der geheimnisvollen Programme in einem der schönsten Kreuzgänge Europas, Salzburg 2009.

WIPPER, HEINRICH: Wandern auf dem französischen Jakobsweg. Via Podiensis (DuMont aktiv wandern), Ostfildern 2008.